現代日本の仏教と女性

文化の越境とジェンダー

龍谷大学アジア仏教文化研究叢書8

那須英勝
本多　彩
碧海寿広　編

法藏館

はじめに

碧海寿広

寺院関係の人々と接していると、しばしば、ずいぶん古風な考え方をしているな、と思うことがある。とりわけ男性僧侶の女性観に関して、違和感を抱く場合が少なくない。女性は必ず結婚して子どもを産み育てるべき、といった発想をする人がざらにいたり、セクハラ概念を学んでいないかのような態度をとる人がいたりして、憂鬱な気分になる。

寺院は、日本仏教の基盤であり、日本の伝統文化を継承する主要な場の一つでもある。その裏面として、日本の負の伝統（因襲とも言える）もまた、一般社会より色濃く伝えてきてしまったところがある。古臭い女性観や、周囲の人間に対するハラスメント意識の希薄さは、その典型的な例だろう。

こうした負の伝統をどう理解し、いかに克服しうるか。学問的にも実践的にも、大きな課題としてある。本書は、その課題に応えるための論文や提言を集めた、研究書であり、実践のための手引き書である。

二つのキーワードが本書を貫く。ジェンダーと国際性だ。日本仏教に関する著作として、この二つの要素をともに強く押し出した書物は、これまでおそらく皆無だろう。

ジェンダーとは、社会的・文化的な性差を意味する。人間は互いに相手を（あるいは自分を）、おおむね男か女のどちらかとして認識し、それぞれの性別に応じた評価や扱い方をする。そして、性別に基づく相手（あるいは自分）への評価や扱い方は、社会や文化ごとに異なる。こうした社会的・文化的な性差を、ジェンダーという。

例えば、日本社会はこれまで、男性が公的な場で活躍し、女性はそれを陰でサポートする、という役割分担を当然視する時代が長かった。そのため、本書で繰り返し示されるとおり、僧侶の妻はもちろんのこと、女性僧侶さえも、男性僧侶に従属した働きをするのが当たり前といった風潮が、今も根強い。

他方、男女同権の理想を、日本に先んじて実社会に広めてきたアメリカでは、日系仏教徒たちの組織で女性の活躍する場が、かなり拡大してきている。あるいは、「仏教婦人会」のような会員を性別で限定するグループは差別的ではないか、と疑問視する声すら出てきているという（本書第一部第二章の本多論文）。

つまり、ジェンダーの観点から見ると、日本仏教（寺院）は差別的な構造が依然として強く、対照的にアメリカの仏教界は、だいぶ平等になっているわけだ。

今、日本とアメリカの例で説明したとおり、ジェンダーは国際的な視野から検討したほうが、理解が深まりやすい。社会や文化ごとの違いが重要なため、自己とは異なる社会や文化の事例や視点を得ることで、問題の所在が際立ち、また別の可能性も見えてくるのである。

そのため、本書は国際性を重視する。国外の事例を取り上げるだけではない。イギリスから日本に来て、僧侶として活動してきた女性の体験談や、あるいは寺院でのフィールドワークを積み重ねるカナダの研究者の論文も掲載する。こうした「異邦人」の目線からの現代日本仏教に関する所感や考察は、現状では、あまり多くは存在しない。それらは一種の日本文化論としても興味深く、新鮮な見解に満ちている。

以下、本書の概要を紹介しよう。

序章では、現代日本の「仏教とジェンダー」研究を主導してきた川橋範子氏が、日本の仏教界の性差別的な現状を多角的に分析・批判しつつ、本書全体の基調を定める。「社会貢献」や「国際化」に開明的な仏教界の、身の回りの差別問題への鈍感さや、「出家」の問題を棚上げして「婚活」に奔走する寺院への疑問などが、鋭く論じられる。ジェンダーの視点とは、単に「女性の視点」と同義ではなく、「重層的な差別と抑圧に応答する視点」であるという川橋氏の見解は、本書の編者らの共有するところである。

次いで、第一部の研究篇と、第二部の実践篇が、それぞれ三章ずつ展開される。前者は、研究者による学術的な論考であり、後者は、現場の僧侶による体験談や、将来を見据えた提言から成る。

第一部では、まず岡田真水（真美子）氏が仏教学の立場から、仏典に説かれる女性観を検討する。主に問われるのは、女性の成仏に関する、経典や既存の研究のとらえ方である。浄土教や真宗で説かれる阿弥陀如来の「極楽」には「女性はひとりもいない」という岡田氏の指摘は、ある意味で衝撃的である。他方、『法華経』の龍女成仏譚は、女性が女性の身のままで成仏する可能性を示しているという。こうした教義上の女性観の相違が持つ意味は、今後より深く問われるべきだろう。

続いて、アメリカの女性仏教徒の事例を考察した本多彩氏と、日本およびハワイでの調査に基づく横井桃子氏の論文を掲載する。前者では、日系アメリカ人が仏教や現地の社会の変化とどう向き合ってきたのかを、女性の活動を中心に跡づける。二〇世紀初頭に日系人の仏教会が進展しはじめた当初から、アメリカでは女性の役割が大きく、これは近年になり、ますます顕著になっている。また、日本のような世襲制の寺院と、アメリカの、同じ場所に定住せず移動し続ける開教使との相違についても一考されており、これは日本仏教の特徴を明らかにする上で示唆深い。

一方、横井氏の論文では、地方の浄土真宗寺院の妻にのしかかる伝統的なジェンダー役割が分析されるとともに、ハワイの開教使の配偶者の場合は、就労の自由が認められる半面、逆に教団内での位置づけが安定しない、という難点が指摘される。本多論文と同様、本論も仏教界の女性を取り巻く環境や制度が、日米（ハワイ）でまったく異なることを示している。

第二部は、まず長野県の尼寺（曹洞宗）の住職を務める飯島惠道氏が、現地の仏教界での自らの立ち位置を語る。尼僧というマイノリティゆえの「透明化」、男性僧侶の固定観念ゆえの「周辺化」、にもかかわらず、自らの「バルネラブル」さを認識することによる、他者とのつながりの再発見など、等身大の見解から多くを学ばされる。

飯島氏と同じく、現地の仏教界でのマイノリティとしての体験を印象的に語るのが、吉村ヴィクトリア氏である。宮崎県の浄土真宗寺院に嫁ぎ、さらには僧侶としても活動する彼女に対し、周囲の僧侶らからは、女性と外国人への二重の差別が行われてきた。軽やかな筆致で描かれる彼女の体験談は、しかし、ほとんど異国で経験した「怖い話」のような趣だ。因襲に満ちた日本の仏教界は、そこに入り込んだ外国人女性にとっては、ときにホラーの舞台となる。

仏教界の性差別的な因襲は、教団が規定する制度によっても裏づけられてきた。池田行信氏は、真宗教団の「仏教婦人会綱領」や「坊守」の法規などを例に、これまで教団がいかなる女性観を規定してきたのかを、批判的に論じる。加えて、近年は性的マイノリティ（いわゆるＬＧＢＴ）への対応が教団内でも大きな課題になっている事実が示され、教団が現代のジェンダー観の世界的な変化の動向に、的確に呼応していけるかが問われる。

本書の掉尾を飾るのが、宗教人類学者マーク・ロウ氏の論文である。本論は、南山宗教文化研究所が発行する専門誌 *Japanese Journal of Religious Studies* に掲載の英語論文（二〇一七年刊）の、日本語訳である。ロウ氏は、日本全国のごく普通の僧侶に取材し、彼らの仏教への向き合い方や、活動の意義を考察するプロジェクト「小僧伝《しょうそうでん》」を展開する。本論はその一部として、三人の女性僧侶へのインタビューの内容を分析したものである。一人ひとりの女性の語りと人生史が非常に面白く読める上に、個々の経験を、日本社会や現代仏教の文脈にどう位置づけていくのかが深く問われており、学術的な意義も大きい。今後の日本仏教研究の、一つの方向性を提示している。

以上、本書はテーマや対象を微妙に異にしつつも、ジェンダーと国際性の観点をゆるやかに共有する、八つの文章からなる。各章はそれぞれ独立して読めるが、相互に呼応し合う部分も少なくない。例えば、岡田氏の論文で検討される『法華経』の女人成仏の教義が、ロウ氏が取材した女性僧侶による語りのなかで再び登場する。教理と現場の往還的な関係を、両者の論文をともに読むことで考察できるのだ。あるいは、池田氏が取り上げる本願寺派の「仏教婦人会綱領」の改正は、現代日本の仏教とジェンダーを考える上での象徴的な出来事であり、本書でも複数の著者が、それぞれの視点から言及している。

本書は、龍谷大学アジア仏教文化研究センター（BARC）の主催で開催してきた、継続的なワークショップやシンポジウムが元になっている。寄稿者はいずれも、それらのワークショップなどの登壇者である。龍谷大学は浄土真宗本願寺派の系統の大学であり、そのため、本書の寄稿者が扱う事例も、本願寺派にやや偏っている。飯島氏が曹洞宗僧侶として発言し、ロウ氏は真宗大谷派、浄土宗、日蓮宗の僧侶を対象にしているが、宗派の偏りは否めない。

とはいえ、本願寺派にかかわる女性たちが直面している問題は、他宗派の女性にも通じる部分が少なくない。宗派を超えて、日本の仏教界が伝統的に抱え込んできた諸問題が、そこに現れているのだ。また、それらの問題は、日本の社会や文化が形づくってきた負の遺産が、仏教や寺院という伝統的な世界のなかで、凝縮して表現されたものと思われる。

したがって、その負の遺産を少しずつでも清算することは、日本の伝統や、あるいは社会や文化を、より良いものへと変革していくのに貢献するだろう。本書は、そうしたより良き未来の構築を支援するための、微力ながらも確かな試みである。

現代日本の仏教と女性——文化の越境とジェンダー＊目次

特別収録

現代日本の仏教と女性——文化の越境とジェンダー

序章　越境する「仏教とジェンダー」研究

川橋範子

はじめに

仏教は受け入れ先の文化によって姿を変えつつ、仏教が受容された文化を変えていく。そうであるならば、仏教のなかの平等を伝えるメッセージが正しく受け入れられたとき、その文化の差別的な社会制度を変容させることができるはずである。

この論集では、多様な立ち位置から仏教にかかわる執筆者たちが、仏教が国や文化の境界を越えるときに、教えの受容の障害として現れる性差別の問題を見据え、平等に開かれた地平への展望を提示している。

人々が生活圏で経験するさまざまな差別による苦しみや葛藤は、従来の仏教研究では重要視されないことが多かった。例えば、現代の伝統仏教寺院をとりまく問題として、人口減少と高齢化・過疎化により地方寺院が消滅の危機にあるという事実が注目されることが多い。消滅可能な地方自治体に属する寺院の割合は全国平均で三割を超えている、という報告もある（櫻井・川又編 二〇一六）。同時にもう一方では、宗教の公益性の言説に後押しされて、社会貢献する宗教者としての僧侶の姿がメディアを賑わし、研究対象としても過剰なほどの注目を集めているように思える。しかし、これらの事象の陰には、本論集を横断するテーマであるジェンダーの視点なしには見ることができない本質的な問題が隠されてしまっているのではないか。つまり、今わたしたちに求められるのは、仏教の平等理念の受容を拒否する社会文化構造の分析と批判である。この序章では、「ジェンダー」が学問的な知識と宗教実践の両方を批判的に問いなおし、差別と権力の問題を照らし出す創造的な視角となりうることを論じていきたい。

一　二重の不可視性

宗教と多文化共生を語るとき、日本の伝統文化の規範に順応しようとする外国人女性僧侶のような、「日本の文化に同化する外国人を許容する日本社会」が理想モデルのように語られる場合がある。しかしこのようなモデルは、実際には同化・統合による差異の排除であり、個々の人々の苦しみには鈍感になりがちである。実際に、日本における「多文化共生」の理念は、既存の社会制度・体制の維持を志向する「上からの多文化共生」になりがちであるという批判もある（徳田 二〇一八）。それに対して本論集では、人種とジェンダーによる差別と抑圧の多層性を批判的に考察していく。

人種に関して言えば、アメリカ仏教のなかの非白人仏教徒の存在は、しばしば不可視化されていると言われる（Nattier 1995）。仏教はあたかも白人仏教徒の占有物であるかのようにメディアで表象され、日系人などの歴史的貢献は顧みられないことが多いからである。一例として那須英勝は、雑誌メディアやその他の広告媒体に現れる仏教徒の姿と、彼が日常的に接しているアメリカの仏教徒との間の乖離を、「見える仏教徒と見えない仏教徒」と表現し、「見える仏教徒」は、非アジア系アメリカ人の改宗者たちのグループが代表していると述べている（那須 二〇〇三：五）。このように、仏教が白人の占有物とされることによって、人種的マイノリティの仏教徒は不可視化されていく。

同様にジェンダーに関しても、日本での女性僧侶の姿は、メディアに頻繁に登場する男性僧侶の陰に隠され不可視になっていることが多い。本論集でマーク・ロウの研究が明らかにするように、社会的に顕著な活躍をする僧侶として突出するのは男性僧侶に偏っている。研究者でさえも、「寺の世襲は住職が妻子を路頭に迷わせないために必然となった」

などと、あたかも日本には「男性」住職と専業主婦の寺族しか存在しないかのような一般化をしていることすらある。たしかに、曹洞宗の最近のデータによると、女性の住職の割合は全体の三％未満であり、しかも、男性住職に比べると高齢層が多いことが指摘されている（曹洞宗宗務庁 二〇一七：二三）。このことが、尼僧を消えゆく存在であるかのようにみなす解釈につながるのであろう。しかし、仏教教団のなかにあって性的マイノリティであることを公にする男性僧侶も現れている現在、前述のような妻子を持つ男性僧侶を規範とする異性愛中心主義的な一般化には疑問を禁じえない。本論集では、自己の存在が見えないものとされてしまう痛みの経験が、複数の女性僧侶によって語られている。このような人種とジェンダーの両方にかかわる不可視化の不当性を、ここでは問題提起していきたい。

二　ジェンダーの視点と女性僧侶

女性僧侶に関して、彼女たちは教団の地位や儀礼のなかでは男性僧侶よりも劣位に置かれているが、女性僧侶特有の役割を担っていると現状を肯定する解釈が、現在でも一定の評価を得ている。たしかに、女性たちが持てる資源を活用するのを評価することは重要である。しかし、彼女たちの選択や発心を過度に称揚するのではなく、女性たちが不均衡な力関係に追い込まれていく危険性も丹念に見ていかなくてはいけない。そうでなければ、差別的な状況の現状維持や後押しになるであろう。女性であるがゆえの拘束された状況のなかでも女性たちは活躍しているというとき、ではその拘束はなぜ生じ、どうすれば変えられるのだろうか。言い換えると、「いわば限定つきの戦略によって、女性たちに従来許されていなかった異議申し立てが、どの程度まで可能になったのか。そして、女性たちの自己理解や自己実現の認識が、男性たちの側にどのような影響力や変革の意識を与えうるのか、それこそが明らかにされていかなくてはならないであろう」(川橋 二〇一六：九)。

二〇一七年七月一七日に国際ワークショップ「越境する日本の女性仏教徒」が龍谷大学で開催され、筆者もコメンテータを務めた(『中外日報』二〇一八年一月三日号に掲載された、本多彩と筆者による「論・越境する日本の女性仏教徒」を参照)。本論集の執筆者の一人である吉村ヴィクトリアの発表は、「女性、外国人、そして前線に立つものの冒険」というタイトルであったが、アドヴェンチャーではなくサヴァイヴァル、つまり生き延びるための戦術ではないのか、というコメントを筆者は述べた。儀式の場で男性僧侶たちから当然のように無視される屈辱感や、周りの坊守たちが坊守会に参加するのに夫の許可を得なくてはいけないことへの疑問など、男性中心主義が強固な寺の現場でフェミニストを自認する白人の女性僧侶の日常は疑問と葛藤の連続であり、これを生き延びるにはサヴァイヴァルの術が必要だからである。また、当日のパネリストを務めたアメリカ本土の本願寺派寺院開教使で日系人のパトリシア・宇宿は、ジェンダー不平等問題は日本仏教とアメリカの仏教との間に大きな落差を生み出している、と強調していた。現代の北米の日系人の女性（男性も含めて）仏教徒の視点からは、伝統的な日本仏教の性差別は容認しがたいものに見えるからである。

同様のことをケネス・タナカは、アメリカ仏教とアジアの伝統仏教の大きな違いは組織の平等性にあると述べ、日本も含めた「アジア全体で見られる男性優位な伝統仏教団体の状況」とアメリカ仏教の現状は対照的であると指摘している（タナカ 二〇一〇：一五〇）。アジアの伝統的な組織では、出家と在家、そして男性僧侶と女性僧侶との間に明確なヒエラルキーがあるのに対して、アメリカでの状況は異なっているという（タナカ 二〇一〇：一四四）。

しかしこのようなアメリカの仏教における女性指導者の卓越性は、日本の伝統仏教教団では等閑視されることが多い。例えば、曹洞宗が二〇一一年に国際布教をテーマに開いたシンポジウムでも、海外における女性指導者の存在がほとんど視野の外に置かれていたことは、『曹洞宗報』二〇一一年一一月号に掲載されたこのシンポジウムの記録が、女性指導者にまったく触れていないことが示している。国際布教に熱心な日本の仏教教団が、欧米と日本での女性仏教者の位置づけの落差に無関心であることは理解しがたい。

さらに、伝統仏教教団を束ねる唯一の組織である全日本仏教会は、日本仏教の国際化に熱心であるが、一〇年ほど前から国際交流や人権関係の委員会に、少数ではあっても女性を登用するようになっていた。このような変化の要因の一つは、海外で多くの女性仏教者が目覚ましく活躍している現実をふまえて、日本の仏教教団もジェンダー平等の問題をもはや避けて通れないことに自覚的になったからではないのかと思われた。しかし、これも事務局長などの執行部が変わった後は退行し、女性の委員は大幅に削減されてしまった。ジェンダー平等へのバックラッシュ的な傾向が、仏教教団全般に及んでいるとすれば非常に残念である。ただし、全日本仏教青年会が、二〇一八年の一一月に開催した全国大会でジェンダー平等をシンポジウムのテーマの一つに取り上げ、四人の女性パネリストが寺院の将来像について討議する場が設けられたことは特筆に値する。今後は、このような女性たちの声を具体的な施策につなげていけるかどうかが問われるであろう。

ジェンダーとは自己の立ち位置を見つめなおすことを要求する視点であり、それが男性中心主義の均質化された僧侶集団に埋没している男性僧侶にとって、自己内省的な視点を得る手がかりとなりうることを筆者は繰り返し強調してきた（川橋 二〇一二：四〇―四二）。

本論集の執筆者で曹洞宗の尼僧である飯島惠道は、「ジェンダー関連痛」という言葉を用いて、女性僧侶への差別が引き起こす「社会的・宗教的痛み」を抱えたまま「先輩の尼僧たちがそうしてきたように」彼女もまた仏教者としての人生を終えなければならないのか、と問いかけている（『中外日報』二〇一五年一月三〇日号に掲載された飯島と筆者による「論・現代日本の仏教とジェンダー」を参照のこと）。飯島が述べるような、社会の周辺に置かれる排除の痛みを感じないまま仏教教団で活躍する男性僧侶は多いのではないか。前述のパトリシア・宇宿は、ワークショップの発題のなかで、女性僧侶は排除されてきたがゆえに、疎外されてきた他のマイノリティ集団の人々に共感し、連帯を生み出す力を持つ、と説いていた。彼女たちのこのような洞察が、日本の仏教社会で多くの人々に共有され、その気づきが現状に変化をもたらす力になることを強く願う。

三　妻帯仏教

最近の仏教教団で見られる男性僧侶の配偶者の教義的正当性や制度上の位置づけに関する議論は、僧侶妻帯問題を語りながらも配偶者女性の当事者性を軽視した、男性中心主義の目線からの議論に終始することが多い。この顚末が、「僧侶が妻帯する非出家型の日本仏教は、進化した仏教であり誇れるものである」という、現状肯定の物言いであろう。中村生雄は、「肉食妻帯勝手《にくじきさいたい》」の太政官《だじょうかん》布告は僧侶の配偶者である「寺族」の問題にかかわる問題であると的確に述べていた（中村 二〇一一：一六八）。それにもかかわらず、一般の認識はジェンダーの視点を欠くものが多い。一例として、『朝日新聞』に掲載された「肉食妻帯は僧の堕落？」という記事では、僧侶が妻帯することで民衆との距離が近くなり人々の苦に共感できる豊かな仏教文化を生み出した、という一般化が、男性僧侶の妻の存在には一言も触れられないまま、なされている（『朝日新聞』二〇一八年三月四日号）。それどころか仏教系の新聞でもほぼ同じ内容の議論が諸宗派の僧侶によって繰り広げられ、民衆の立場に身を引き下げた僧の妻帯の定着が仏教の近代化に貢献した、というような総括がなされているのを見ると、非常に失望させられる（『仏教タイムス』二〇一八年一月一一日号参照）。

筆者は、伝統仏教教団における「出家主義」の理念と男性僧侶の婚姻の事実との間の矛盾を考察してきた。この状況を筆者は「虚偽の出家主義」と名づけ、それに疑義を呈する女性たちの運動を民族誌にまとめた（川橋 二〇一二）。曹洞宗や他の「出家教団」では、僧侶の配偶者である女性の制度上の位置づけと役割規定をめぐって議論が続いているが、多くの仏教教団は、男性僧侶の婚姻を慣習化し、真宗同様に「在家化」している事実と真剣に向き合おうとせず、現在においても表面上は出家主義を標榜している。真宗以外の教団では、一般に僧侶の配偶者である女性を指し示すのに「寺族」や「寺庭婦人」という語が使われることが多いが、曹洞宗では一九九五年になってようやく、宗派の憲法である宗憲からそれまで欠落していた「寺族」の定義づけを試みた。しかし、婚姻関係によって生じる僧侶の配偶者の女性を「公認」できないために、新たに付加された条項の文言は、「本宗の宗旨を信奉し寺院に在住する僧侶以外の者を寺族という」という、婚姻関係への言及を避けたあいまいなものになってしまった。これは男性僧侶が妻を持たない出家者として戒律を遵守していることを理念上標榜するための苦肉の策に等しいが、その後の展開はさらに問題を複雑化させてしまった。宗憲上の寺族の定義があいまいであったことへの制度上の改訂として、驚くべき「改革」案が二〇一五年の四月に施行されたのである。これが、寺族の主体的な声をほとんど反映しないまま、執行部主導型の閉鎖的な議論によって決定されたことは明らかであった。一言で言うと、寺族の定義は「寺族簿に登録されたものを寺族という」に変更になったのである。それにあたり、「寺族安名親授式」というものが制定された。宗務庁からの配布文書には、この「寺族安名親授式」を了じた者は、寺族簿に登録され、宗務庁より登録証が交付されることが記載されている。さらに重要なことはここではっきりと、「寺族は、四衆の出家者（比丘・比丘尼）ではなく、在家者（優婆塞・優婆夷）である」ということが明記されたことである。ところが、婚姻関係にある妻帯僧侶である夫が出家僧とみなされることは不問のままなのである。これは男性僧侶側の自己再帰性を欠いた単なる文言上の修正に他ならない。このような欺瞞性に関して、曹洞宗の寺族問題に長年携わってきた教団の女性職員は、「私はそろそろ、男性僧侶は、自分たちは「在家」の「僧」なのだと、認めるべきだと思います。修行をし、家庭を持ち、家族とともに、新しい信仰のかたちを確立するべきときではないか、と。「お寺にお嫁に来る前は、もっと仏教を信じることが出来ました」などという、悲しすぎる言葉を、私はもう寺族さんから聞きたくはないのです」と述べている（瀬野 二〇一五：一九七）。また、東北の寺族によると、この安名の儀式を受けさせなければ自分の妻は「寺族」に当てはまらないので、研修会などで外出させる必要もなく都合がいい、というような無神経な男性僧侶の声さえ耳にしたそうである。まさに僧侶の人権感覚を疑いたくなる。

さらに、曹洞宗では今や、「ほほえみの集い」と呼ばれる、寺院の「後継者相談所」という名目のお見合いパーティを開催しているが、これは配偶者を求める僧侶や僧侶の配偶者になることを希望する女性が出会うために教団の福祉課が主催するものである。教団の広報によると、参加対象は、女性は僧侶と結婚を希望する者、男性は結婚相手を探している僧侶、と明記されている。この背景に、寺院後継者が配偶者を見つけにくくなったことによる後継者不足の危惧があるのは言うまでもない。このような、妻帯問題を棚上げにしたままの教団が、僧侶の「婚活」を公に支援する珍現象は他の教団でも同様に起きている。例えば最近では、浄土宗の大本山増上寺での婚活イヴェントや、臨済宗での僧侶と一般女性を対象にした出会いの会などが報じられている。

日本の近代仏教研究で知られるリチャード・ジャフィーは、禁欲的な出家主義の実践は宗派のアイデンティティの核心として理想とされている一方、「限りなく在家に近い寺院での家庭生活は、地に足の着いた現実であり、両者の間の齟齬から起こる緊張のただ中で、多くの日本の仏教僧侶と家族は生きている」(Jaffe 2001：241) と二〇〇一年に述べたが、筆者にはこれは寛容すぎる解釈に思えてしまう。今まで論じてきたことをふまえると、妻帯問題をめぐる議論の帰結は、すでにジャフィーが主張する緊張そのものが、もはや形骸化してしまっている、ということではないのか (Kawahashi 2017)。

四　社会貢献する僧侶の陥穽

一方で、現代の日本で、僧侶たちが消費文化に取り込まれていることは海外の研究者からも指摘され (Reader 2011)、ロウも述べるように、ヴァラエティも含めたメディアでの露出度が高いことは一つの社会現象にもなっている。彼らの多くは、「日本文化の伝統」としての仏教を平易に一般大衆に説く啓蒙的な役割を演じているが、仏教教団に歴然と存在する女性僧侶への差別的待遇などには関心が無いまま、公共の知識人的な役割を自認しているように思える。しかし、筆者のように性差別が生み出す矛盾に思考の出発点を置く立場からすると、最近の「宗教の公益性」の議論は概して、宗教者による人々への貢献を無自覚な前提としているために、その自己再帰性のなさに疑問を感じることが多い。同様のことを猪瀬優理は、「「社会貢献」の内実を見極めるためには、「誰のために」「何のために」という問いが不可欠なものである。そうでなければ、誰かに「貢献」をしたその足で、別の誰かの足を踏んでいる」ことを見過ごしてしまうかもしれない、と論じている（猪瀬 二〇一七：二〇二）。また小松加代子も、宗教を社会に貢献する資源とみなし宗教者は人々の心のケアや苦しみに寄り添う力を持つと無条件にみなす傾向に警鐘を鳴らし、このような見方は、「宗教団体や組織が社会の中で何らかの役割を果たそうとする動きを描き出す一方で、既存の宗教組織にある権力関係から目をそらしている」と批判を述べている（小松 二〇一五）。

さらに浄土宗では、最近、「公益性」の観点から、僧侶の妻や家族の存在を教団にとっての障害のようにみなす議論が議会で起こり、宗門の規程が改正されたという報道がされている。要約すれば、寺院とは公共の場であり、妻などの僧侶の家族を保護することは、寺の私物化につながり宗教の公益性に反する、という議論である（『中外日報』二〇一五年八月二八日号）。しかし、寺の公益性を高めるために、寺に住む女性たちの人権が保障されなくなるのは正当とは言えない。前述のメディアに登場する男性僧侶の多くが、自らの身近にあるジェンダー問題に無自覚なまま大衆に教えを説く導師のようにふるまうことは、滑稽でさえあるように思える。ジェンダー平等の視点を欠落させたまま宗教の公共性を論じる議論は欺瞞的なのではないか（Kawahashi 2016）。磯前順一は、最近日本で流行する公共宗教論の危うい点として、社会的権利を剝奪された人々が多数生み出されることを挙げている。彼は、いたずらに公共性に同一化するのは、他者の痛みを感受することが出来ず、公共宗教という名の下での「排除的暴力」に無自覚になることであると鋭く指摘している（磯前 二〇一三：二二七）。浄土宗の取り組みのように、寺院の女性の保障と寺の公益性を二項対立としてとらえることは、教団の弱者への配慮を欠くことにつながるであろう。

五　ジェンダー平等への展望

現在、複数の仏教教団を横断した、女性だけでなく男性をも巻き込んだ男女共同参画やジェンダー平等に向けた運動が存在することを、最後に述べておきたい。このような動向の具体例については、筆者や飯島もかかわりを持つ女性と仏教のネットワークの編著を紹介しておきたい（女性と仏教　東海・関東ネットワーク編　二〇一一）。また一九八六年設立の歴史を持つ「真宗大谷派における女性差別を考えるおんなたちの会」は、性差別是正の視点から積極的な活動や教団への提言を続けている。大谷派では、解放運動推進本部の「女性室」も、ジェンダー平等に基づく教団の構築のためにさまざまなテーマを取り上げた「女性会議」を開き、定期的に広報誌を刊行している。さらに日蓮宗などでも、女性僧侶・教師の会の新たな組織化が見られる。浄土真宗本願寺派では、仏教婦人会の綱領が五〇年ぶりに改訂され、それまで既婚で子どもがいる「母」である女性を想定して使われていた「仏の子どもを育てます」などの文言が削除されたことが報じられた（『中外日報』二〇一八年五月一六日号）。このように、一般社会のジェンダー意識の変容と人々の生き方の多様化に、遅ればせながら一部の仏教教団も歩調を合わせるようになったと見るべきであろう。

もちろんジェンダーの視点が単一のものでない以上、すべての運動体が同じアジェンダを共有しているわけではないが、現状に異議を唱え、別の選択肢や新しい可能性を求める声が、さまざまな場所で聞かれるようになっていることは確かである。このような動きがあるという事実そのものを、より多くの教団内外の人々に浸透させていく必要性がある。しかし、現在の仏教各宗派で、被抑圧者としての女性の経験を反映させた、ジェンダーの視点からの経典や聖典の問いなおしや再解釈が重要と認識されている例はまだわずかである。これは、仏教系大学や教団付属の研究機関が、フェミニズムやジェンダーの視点からの仏教研究を学問的に認知せず、また女性研究者を積極的に育成してこなかったことが原因の一つとして挙げられよう。今後は本論集の岡田真美子のような研究が増えていくことが望まれる。

結論として、平等的なサンガとは、性的マイノリティ、エスニック・マイノリティ、女性や障がい者の人々など、社会のメイン（主流の）・ストリームあるいはメイル（男性の）・ストリームの規範に合致しない人々との共生を可能にする場でなくてはならない。女性仏教者などの、社会の周辺にあってその声が聞き届けられることのなかった人々の介在が平等化には不可欠なのである。そのような人々の声に耳を傾けることを困難にする仏教教団の権力構造は、日本仏教に明るい展望をもたらさないであろう。言うまでもなく、教団内で閉塞感や無力感を感じているのは女性たちだけではない。強調しておきたいが、ジェンダーの視点は一元化された「女性の視点」と同義ではなく、それは重層的な差別と抑圧の経験に応答する視点を意味しているのである。筆者は以前に、「教団が自らの中にかかえこんださまざまな権力の階層制や弱者に対する抑圧的で不均衡な構造に批判の目をむけ、それらを変革する意思を明らかにできれば、現代日本の仏教にも新たな可能性がでてくるのではないか」と述べたが、今ますますその思いを強くしている（川橋 二〇一二：一三二―一三三）。そのためには、従来ジェンダー問題に距離を置いていた女性と男性双方に訴えかけられるような、問題意識の共有に向けた対話を、海外の仏教者や研究者たちと連携して粘り強く続けていくことが求められる。

参考文献

Jaffe, Richard
2001 *Neither Monk nor Layman*, Princeton UP.
Kawahashi, Noriko
2016 "When It Comes to Gender Equality, Religion in Japan Lags Behind.", *Sightings*, September 9, 2016.

Kawahashi, Noriko
2017 "Women Challenging the 'Celibate' Buddhist Order", *Japanese Journal of Religious Studies*, 44(1).
Nattier, Jan
1995 "Visible and Invisible: Jan Nattier on the Politics of Representation in Buddhist America" in *Tricycle*, Fall.
Reader, Ian
2011 "Buddhism in Crisis? Institutional Decline in Modern Japan", *Buddhist Studies Review*, 28.2.
磯前順一
二〇一三「公共宗教論の陥穽」『現代思想』vol. 四一—一
猪瀬優理
二〇一八「ジェンダーと宗教——そのかかわりを問う問いに着目して」『現代宗教二〇一八』
川橋範子
二〇一二『妻帯仏教の民族誌——ジェンダー宗教学からのアプローチ』人文書院
二〇一六「宗教研究とジェンダー研究の交差点」川橋範子・小松加代子編『宗教とジェンダーのポリティクス』昭和堂
小松加代子
二〇一五「論・宗教は人々の絆をつくりあげるか」『中外日報』二〇一五年二月六日
櫻井義秀・川又俊則編

二〇一六『人口減少社会と寺院――ソーシャルキャピタルの視座から』法藏館
女性と仏教　東海・関東ネットワーク編
二〇一一『新・仏教とジェンダー――女性たちの挑戦』梨の木舎
曹洞宗宗務庁
二〇一七『曹洞宗宗勢総合調査報告書二〇一五（平成二七）年』曹洞宗宗務庁
瀬野美佐
二〇一五「寺族を保護することは可能かⅡ」『曹洞宗総合研究センター学術大会紀要（第十六回）』
タナカ、ケネス
二〇一〇『アメリカ仏教――仏教も変わる、アメリカも変わる』武蔵野大学出版会
徳田剛
二〇一八「地域政策理念としての『多文化共生』と宗教セクターの役割」高橋典史・白波瀬達也・星野壮編『現代日本の宗教と多文化共生』明石書店
中村生雄
二〇一一『肉食妻帯考』青土社
那須英勝
二〇〇三「アメリカにおける仏教・浄土真宗の魅力」『真宗学』一〇八号

第一部　研究篇

第一章　女性の出家と成仏について

岡田真水（真美子）

はじめに

ジェンダーに関する現代日本仏教の実態と可能性を明らかにするという本書の目的に鑑み、まず、その根拠となるべき仏典の女性観を、女性の出家と成仏を中心に洗いなおすことが本章の目指すところである。

一　女性の出家と八敬法

パーリ聖典に「比丘尼の中の出家して久しきものの中の第一」すなわち最初の比丘尼と記されているのは、ゴータマ・ブッダの叔母にして育ての母、マハーパージャーパティー

（摩訶波闍波提《まかはじゃはだい》）である（アングッタラ・ニカーヤ〈増支部〉第一集第一四）。その出家の経緯は、初めて女性出家者が出るときの困難を伝えるものである（同　第八集第六　瞿曇弥《きょうどんみ》品第五一瞿曇弥）。

同種の話はパーリ律の小品第十「比丘尼犍度《けんど》（比丘の比丘尼に対する接し方）」や、『テーリーガーター（長老尼偈）』の注釈書『パラマッタ・ディーパニー』（ダルマパーラが著したとされる。六世紀中葉成立か）にもある。これらの文献は、歴史的ブッダの時代の古い口伝に基づいたものを含んでいるとしても、現行の形になったのはブッダの死後数百年を経たあとである。

成立年代が残っている文献の中で最も古いのは、『中本起経』（曇果・康孟詳訳）で二〇七年に漢訳された。その下巻の「瞿曇弥来作比丘尼品第九」の摩訶波闍波提の出家物語は次のようである（『大正新脩大蔵経』〈以下、大正〉四―一五八a二三―c―九）。

カピラヴァットゥの釈氏精舎に釈尊が滞在されていたときのこと。大愛道《だいあいどう》瞿曇弥（摩訶波闍波提）が、女性も精進して沙門の四道を得られると聞いた、在家で信心してきたが、出家して道を成したいと思う、と願い出た。それに対して釈尊は、女性が仏法に入ることを願いなさるな、と聞き入れられず、三度お願いしたけれど許されなかった。

そのあと釈尊たちが精舎を出てカピラヴァットゥの都に入られたときに再び摩訶波闍波

提は出家を願う。ここでも三度願ったけれど聞き入れてもらえなかった。

さらに雨季に入りこの国を釈尊が出られたときに追いすがって願う。これもまた断られてしまい、ついに摩訶波闍波提は破れ衣を身にまとい、素足、垢まみれの顔、憔悴しきった様子で、涙にくれて門外に立ちつくす。

これを見た阿難《あなん》は「どうなさったのですか」と尋ね、出家が許されないのを悲しんでこうなったのですと摩訶波闍波提は答えた。それを聞いた阿難は、「瞿曇弥さま、泣くのはおやめください。お心やすくお持ちになって、わたくしが今お師匠様にお伝えいたしますのでお待ちください」と述べて釈尊に取りなそうとする。

ここでまた釈尊はこれを断るが、阿難はひるまず、「大愛道さまには多くの善意がございます。お師匠様がお生まれになったときには力をつくして育て養ってくださいました。そのおかげでお師匠様も大きくなることができたのではございませんか」と申し上げた。これには釈尊も反対できず、「彼女はまことに善意にみち、わたしも七歳にして母を喪ってから育て養ってもらって今日のわたしがあり恩がある」とおっしゃった。そこで釈尊は、八敬法《はちきょうほう》（比丘尼は比丘を敬うべきであると定めた八つのいましめ）を守ることを条件に出家を許すことにされた。

この出家譚の冒頭で、「女人、精進して、沙門の四道を得ることができると聞いています」と、摩訶波闍波提が言ったこと自体を釈尊は否定しない。しかし、出家の条件として、女性出家は男性出家を敬い、それに従うことを明言した八カ条が定められたとされ、これは小乗戒としていまも生き続けている（東南アジアの尼僧の立場については、例えばウイポン・クワンゲウの「仏教とジェンダー」など）。

世燈（金仁淑《キムインスク》）は「八敬法の歴史性に関する考察」のなかで、この出来事は歴史的事実であると明らかにしたと述べている（世燈〈金仁淑〉一九九三）が、それは疑問である。なぜなら、この物語は、これらの律文献等以外のいかなる仏伝にも一切登場しないからである。

問題なのは、今日の日本でも、この八敬法が生きていることである。八敬法の八番目は「比丘尼は、一〇〇年間、大戒を保ってきても、新たに大戒を受けたところの年少の比丘僧の下座にいて、謙敬をもって比丘に礼をするべきである」とある。これをうけて、宗派によっては尼僧は常に男僧の下座にいなければならず、女性の晋山《しんざん》できない寺があったり、女性住職であっても自坊の導師を勤められない、などという現象が存在することは耳驚かす珍事である。これに関しては、本書第二部第一章の飯島恵道氏による報告を読んでほしい。

大乗の出家が、なぜ八敬法なる小乗戒を守る必要があるのか、まったく理解不能であるし、そうして女性僧侶に尊敬を強いている男性僧侶は他の小乗戒を皆守っているのであろうか。また、今日上座部もこの「八敬法」を盾に比丘尼に対し不当な仕打ちをすることは、諸仏の法に反する行為であり、許されることではないであろう。

『正法眼蔵』中で比丘尼・女人を道場に入れない愚を「日本國にワラヒゴトアリ」(「礼拝得髄」)と喝破した道元(一二〇〇―五三)は、このような状況に対してなんと言うであろうか。

二　女人成仏研究

次に、女人の成仏について考察する。近・現代の女人成仏研究の潮流は二つある。その一は仏教学的文献研究であり、もう一方は、それ以外の主として史学者による、ジェンダー論的意味合いに視線が注がれた研究である。

二―一　仏教学者以外の女人成仏研究

女人成仏の問題に仏教学者以外でまとまった論考をしたのは、一九七五年、著名な日本史学者である笠原一男《かさはらかずお》(一九一六―二〇〇六)の『女人往生思想の系譜』に始まると思われる。これはさまざまな往生伝を中心に日本文学のなかに現れた女人成仏に関して論じたものである。笠原がそこで繰り返し強調したことは、『日本霊異記《りょうい》』や往生伝において、往生にとって重要であるのは、慈悲や柔和、質直といった「人間的条件」と「宗教的行」であって、往生に男女の差はないということであった。

しかし、その後の仏教学以外の女人成仏研究では、仏教の女性蔑視ということが批判の対象になっていった。例えば日本史学者平雅行《たいらまさゆき》（一九五一―）は、女人往生や女人救済・女人正機《しょうき》などは女性の罪業を強調した思想であり（平 一九九〇：一〇〇）、ほとんど女人成仏論を口にしなかった法然や親鸞らは「この欺瞞性をも射《（ママ）》抜いていたはずである」（同：一〇二）という主張を展開している。この議論に沿えば、女人成仏を説くこと自体が女性差別であるということになってしまう。しかし、現実世界に女人の往生・成仏を不可能とする論が大勢を占めており、それに対して仏教が女人救済の論を展開したことを、差別と見ることはいかがなものであろうか。

二―二　仏教学的女人成仏研究

次に、教理的なもしくは文献学的な女人成仏文献研究を見てみよう。

中でも古いのは渡邊楳雄《ばいゆう》（一八九三―一九七八）の「佛陀と婦人問題」（一九二六）と「女

人成佛論」(一九五六)である。渡邊は『般若経』恒伽提婆品の天女成仏と『法華経』提婆品の龍女成仏も、生身の女性の成仏としては「理論途上におわっている」と述べ(渡邊 一九五六：一〇〇―一〇二)、「般若經を出発点とする大乗佛教の女人観は、ただ変成男子《へんじょうなんし》思想による女人成佛を認めるのみにとどまって」、インド・中国仏教を通じて「事実的な女身さながらの成佛は未だ必ずしも許していない」としている(同：一〇二)。そして、女性のままでの成仏は日本の鎌倉時代になって道元、親鸞、日蓮らが盛んに説き出してからのことである、と結論したのであった(同：一〇三)。

『般若経』の本来の立場から言えば男と女の相違はあるはずがないのに女身さながらの成仏は必ずしも許していないことを放置してよいのか(同：一〇二)、という渡邊の批判は正しい。しかし、大乗の女人成仏は変成男子思想を認めたに留まるという見解は、『法華経』の龍女が即身成仏したという認識が欠落していて正しくない。

次に平川彰《あきら》(一九一五―二〇〇二)は、般若経系経典に関して論じた後、初期大乗経典には女人成仏は一般的であるとし、それをもって「初期大乗仏教では女性の信者が多かったこと、女性の力が強かったことを反映しているものと考える」とした(平川 一九六八：三七六)。これについては逆も考えられるのでもう少し慎重に論考する必要があろう。最終的に、平川論文は大乗教団における女性の菩薩行《ぼさつぎょう》の受け止めは、「菩薩行を行ずれば、速やかに女身を転じて男身を成ずるということであった」(同：三九二)という変成男子・転女成男成仏説である。

平川論文発表後に、藤田宏達《こうたつ》(一九二八―)が「転女成男の思想(一)(二)」を発表した(一九七一年初出)。平川は、改訂版を出す際(一九八九)、藤田論文が出たことを付記として記している。この藤田論文は、もともと『國譯一切經　寶積部《ほうしゃくぶ》』の月報『三蔵』のために用意されたので、(一)は『大宝積経』中の女人成仏を網羅的に扱っている。その上で、さらに範囲を広げて女人成仏論の全体を扱ったのが(二)の論文であった。藤田はそこで、転女成男説は一般民衆の傾向や社会事情に対応した現実的な平等論である、という考察を提示した(藤田　一九七一b：一一)。すなわち、大乗仏教の空観の立場からすれば男女は無差別平等ではあるが、当時のインド社会にあっては男尊女卑の観念は牢固として抜きがたく、そのような状況にあっては、転女成男説は現実に即した平等論であったという主張であった。

続いて、永田瑞《みず》(本論四―三参照)、広岡郁《かおる》らの一連の仏教における女性観研究が出た。二〇〇三年、間宮啓壬《けいじん》(一九六三―)は「日蓮にみる女人救済　改稿」(間宮　二〇〇三)を発表した。この論文は、「日蓮における女人救済のあり方を日蓮自身に即して、より全体的に捉えようとするところに目的を置く」(同：一四二)としながら、日蓮研究の範囲内に留まらず、笠原以降の女性と仏教に関する議論について、平雅行、脇田晴子、西口順子、松尾剛次《けんじ》、高木豊、渡辺喜勝《よしかつ》そのほか幅広い分野の文献が通覧でき、注には笠原以降それまでの関連研究がほとんど網羅的に取り上げられていて有益である。

これらをうけて、二〇一三年、筆者は、あらためて仏典中の女人成仏文献を渉猟し、収集した五二編を比較検討し、『法華経』の龍女成仏以外の女人成仏文献はすべて「転女成男」「変成男子」譚であることを示した。

さらに二〇一七年、阿部龍一（一九五四―）は、『法華経』の龍女成仏は即身成仏であるとする見解をもとに、平家納経見返絵からうかがえる平安時代後期のすぐれたジェンダー観を明らかにする論文を発表している（本論四―三参照）。

三　浄土に女性はいるか？

三―一　浄土と往生・成仏について

「浄土」というのは「清浄国土」の略語である。つまり浄土とは、仏の浄《きよ》らかな国を言う。その浄土に女性がいるかどうかについて語るのは、そもそも、女性がいないと明言される浄土があるためである。

「往生」というのは、命終して浄土に往きそこに生まれかわることを言う。そこから、日常世界では、死ぬことを「往生」と呼び、また「成仏」とも呼んでいる。しかし、厳密には何をもって「成仏」と言うかという「成仏観」は、時代によって、宗派によって異なる。浄土へ行ってそこに生まれるということと、仏となって仏国土《ぶっこくど》にあることは、同じではない。

歴史的ブッダGotama Buddhaの時代、Buddha「仏」という名詞は、動詞√budh〝目覚める〟の過去分詞からできた言葉で、「目覚めた人」という意味であった。すなわち仏教は、仏の教え、真理を覚って「Buddha（目覚めた人）」となることを目指す教えであった。この歴史的ブッダが涅槃に入った後、成仏・得道の内容は多様化していき、上述したように、今日の日本においては、人の死をもって、往生・成仏と呼ぶようになっている。また今日の日本では、宗派によらず「浄土」と「極楽」を同義語であると考えている人が少なくない。しかし、「極楽」は阿弥陀仏の浄土を指す言葉で、「固有名詞」である。一方「浄土」は、先にも述べたごとく「清浄国土」の略語であって、普通名詞なので、浄土には、「極楽」のほかにも釈迦牟尼仏の国土「霊山浄土《りょうぜん》」、大日如来の「密厳浄土《みつごん》」、薬師如来の「浄瑠璃光土《じょうるりこうど》」、観音菩薩の「補陀落浄土《ふだらく》」など複数ある。

浄土教の極楽思想において、娑婆《しゃば》世界は、「極楽浄土」の対極にある「穢土《えど》」であることが強調される。一方、『法華経』の浄土観では、娑婆世界は、穢土ではない。釈迦牟尼仏の霊山浄土は娑婆世界にあるからである。

また仏の居るところが浄土で、その仏国土は仏ごとにある。これを、一仏一仏国土と言う。しかし、『法華経』は、釈迦如来の娑婆世界に過去の仏である多宝如来が宝塔ごと地面から涌いて出て、その塔中に釈迦如来が招かれて並んで座る（釈迦・多宝二仏並座）ということが起こった。これによって釈迦如来の浄土では、複数の仏が同じ空間に存在する可能性が示された。このことは後に述べる即身成仏（その身のままで転生せずに娑婆世界で成仏する）の前提となる重要ポイントである

三―二　女性がいる浄土――阿閦仏刹　妙喜国

『阿閦仏国経《あしゅくぶっこく》』（支婁迦讖《しるかせん》〈一四七―？〉訳）は、現存する漢訳経典中、浄土思想を説く最古の経典であると言われている。この経典の「阿閦仏刹善快品第二」（仏刹＝仏国土）には、〈阿閦如来仏刹女人〉という表現が登場する（以下、大正の訳は筆者による）。

阿閦仏の浄土である妙喜国の女性は、真珠のネックレスが欲しいと思えば、手を伸ばせばたちまち木の上にそれが現れ、服が欲しいと思ったら、木の上にあって手に入る。

娑婆世界の女性たちは、不細工で口が悪く、嫉妬深くよこしまであるが、阿閦仏の国の女性はそんなことはない。身ごもってお産するときにも、疲れないし、安産を念じて苦しまない。女性たちは一切苦痛を覚えることがなく、悪臭、悪露もない。

（大正一一―七五六b二―一四）

つまり阿閦仏の浄土には女性がいて、しかもその浄土で女性は出産する（！）。

三―三　男性オンリーの浄土――極楽浄土（安楽世界）

これに対して、女性はひとりもいない浄土がある。それが阿弥陀仏の浄土「極楽」である。それはなぜかと言うと、阿弥陀仏の本願によって、女性が命終して極楽往生するときは、必ず女性の身体ではなくなっているからである。

『無量寿経』（伝康僧鎧訳二五二年。実は仏陀跋陀羅宝雲共訳四二一年）

『無量寿経』では、阿弥陀仏が、法蔵菩薩であったときにたてた四十八本願の第三十五番目にこれが記される。

たとえわたしが仏になることができても、すべての限りない諸仏の世界の女性が、六字の名号を聞いて、喜び信じさとりを開く心を起こし、女性の身をきらい、寿命が尽きた後に再び女性の姿となるなら、わたしは決して仏になりません

（『無量寿経』〈大正一二―二六八c二一―二四〉）

この本願によって、六字の名号《みょうごう》（＝南無阿弥陀仏）を聞いて信心を起こした女性は、死んだ後は再び女性の身体に生まれ変わらなくなる。それから命終して極楽に往生するのだから、阿弥陀の浄土には女性はいないということになる。

この三十五願を、法然は「女人成仏の願」「女人往生の願」と呼び、親鸞は「変成男子の願」、存覚は「転女成男の願」「聞名転女の願」として、浄土教では、女人済度の根拠としている。これによれば、女性は、阿弥陀仏の浄土にいくためにはまず女性の身であることを嫌い、一旦死んで男性に生まれ変わって、阿弥陀仏の迎えを待たなければならない。また、そうして、阿弥陀仏の国に往生しても、仏となるわけではない。

『無量清浄平等覚経』（支婁迦讖〈一四七―?〉訳）

『無量寿経』には、より古い漢訳があって、『無量清浄平等覚経』という。その訳経者は

先ほどの『阿閦仏国経』の訳者である支婁迦讖とされる（異帛延《はくえん》二五〇年代訳説もあり）。そこにはこの三十五願にあたるものがない。しかし、「須摩提《しゅまだい》」（＝極楽）の描写中に、女性はいないと明言されている。

その国にはすべて菩薩と阿羅漢ばかりで婦女子はいない。女人で極楽往生するものはただちに化生《けしょう》して皆男子になる（大正一二―二八三a二〇―二二）

女性は死んで直ちに極楽に往き男性として生まれるというのである。

『阿弥陀三耶三仏薩樓仏壇過度人道経』（支謙〈二二三―二二七〉訳）

さらに、もう一つの阿弥陀仏の経典『阿弥陀三耶三仏薩樓仏壇過度人道経』では、第二番目の本願として、仏となったら、その国には女性がいないようにしよう、私の国に来た女性はすぐに男子になるから、というものが挙げられている（大正一二―三〇一a二七―二八）。

『法華経』中の阿弥陀仏の浄土

『法華経』にも阿弥陀仏が二回登場する。そのうち鳩摩羅什《くまらじゅう》訳の『妙法蓮華経』（四〇六年）の薬王菩薩本事品第二十三では、

薬王品を聞いた女性は女身を尽くして、後生では再び女身とならない。末法中この経典を聞いて、説かれるとおり修行すれば、寿命が尽きた後はただちに安楽世界（＝極楽浄土）で阿弥陀仏が大菩薩たちに囲まれているところへ行って、蓮華の上の法座に化生する

（大正九―五四b二八―五四c三）

とあり、これより古い竺法護《じくほうご》訳の『正法華経』（二八六年）には、

もしこの経を聞いて受けたもてば、たちまちこの世で女性の姿である寿命は尽きてのち男子となることを得る。もし女性が五濁の世の最後の末世であっても、この経を聞いてよく修行すれば、寿命が尽きてついには安養国（＝極楽）で無量寿仏（＝阿弥陀仏）に会う

（大正九―一二六c五―八）

というように、先ほど記した『無量寿経』の阿弥陀仏浄土への往生の伝統を踏襲している（ただし『法華経』の薬王品を聞けばという前提あり）。

転女成男・変成男子の思想

東方の阿閦仏の国へは女性のままで行けるが、西方の阿弥陀仏の国へは、男に姿を改め転身し、なお転生しないと女性は行けない、という女性観があることを上記で示した。浄土教はこの阿弥陀仏の国に往生することを目指すので、女性から男性に変身する思想をとる。二―一で示した平雅行の言葉とは裏腹に、親鸞は、次のような女人成仏に関する和讃を残している。

諸仏の大悲ふかければ　佛智の不思議をあらわして
変成男子の願をたて　女人成仏ちかひたり
（『浄土和讃』）

弥陀の名願によらざれば　百千万劫すぐれども
いつつのさはりはなれねば　女身をいかでか転ずべき
（『浄土高僧和讃』）
（※傍線は筆者による。以下同）

四　即身成仏した女性――『法華経』の龍女成仏譚

四―一　提婆達多品の即身成仏

仏典中、即身成仏した者として示されるおそらくただ一つの例であろうと思われるのが、提婆達多《だいばだった》品第十二後半の主人公、裟竭羅《しゃから》（Sāgara ＝海）龍王の王女である。

提婆達多品の不思議

梵文『法華経』Saddharmapuṇḍarikasūtra を鳩摩羅什が訳した『妙法蓮華経』（四〇六年訳）には提婆達多品が欠落していた。現在読まれている『妙法蓮華経』の提婆達多品は、のちに法献《ほうけん》が西域から原本を持ち帰り、斉の武皇帝時（四八二―四九三）、建康でインド僧の法意（達磨摩提 Dharmamati）とともに訳した（『出三蔵記集』巻第二）もので、のちに挿入されたのである。

というと、提婆品は増広付加されたものだろう、と言われそうだが、実は、『妙法蓮華経』より一二〇年前に訳された竺法護の『正法華経』（二八六年訳）には存在していて、七宝塔品第十一後半の梵志品がそれに該当する。羅什の用いた梵文原本に提婆達多品が欠落していたと考えられるが、その理由は不明である。

龍女成仏の不思議

提婆達多品後半の龍女について言えば、龍は分類上は「畜生」に属し、性別は女で、しかも八歳という幼な子であるという、当時のインドの常識では、およそ無上菩提を獲得するとは思えない存在である。これが、その身のままで成仏したというのを信じない者は多い。仏典中の仏と言えば、男性で、三十二のすぐれた身体的特徴を具えているものと決まっていた。

日蓮はこれについて、次のように記している。

女人が仏になることも許されていなかったし、たとえ人間界や天上界の女人であっても成仏することの望みはありえなかったが、おまけに龍という畜生界の身で、女として生まれ、年齢もわずかに八歳だった。まったく成仏は思いもよらないことだった

（『祈禱鈔』〈文永一一年［一二七四］〉昭和定本：六七三）

『法華経』のなかでは、旧仏教の代表の舎利弗《しゃりほつ》（Śāriputra　歴史的ブッダの一番弟子で智

慧第一といわれた声聞）が「そんなに短い時間に成仏したなんて信じない」と言っているることが、龍女の見かけがまったく変わっていない即身成仏であることの証拠である。

四―二　説話の構造

龍女成仏は伝統的説法様式である九分教《くぶ》のウパデーシャ（論議）の形式によって説かれている（岡田〈行〉二〇一三：二九七）。すなわち、智積《ちしゃく》菩薩と文殊菩薩、舎利弗と龍女が問答して話が進むのである。以下、『妙法蓮華経』の龍女成仏譚をあげて、その構造を記す（以下、①～⑨の現代語訳は岡田文弘によった）。

①仏が法（スッタ）を略説する

仏様は諸々の比丘に告げて言った、「未来世において、もし善男善女がいて、妙法華経の提婆達多品を聞いて、浄らかな心をもって信じ敬って、疑いを起こさないものは、地獄・餓鬼・畜生道に堕ちることなく、十方諸仏の面前に生まれ、生まれ変わったところで常に法華経を聞くことでしょう。もし人間や天人に生まれ変わればすぐれた慰楽を受け、もし仏の面前であれば蓮華の上に生まれることでしょう」。

②仏が法の論議（dharmaviniścaya）をするよう勧める

そのときに、地下からやって来た多宝仏のおつきの菩薩、その名は智積が、多宝仏に申し上げた。「そろそろ、本国に戻りましょう」。

釈迦牟尼仏は智積菩薩に告げて言った。「もうしばらくだけ待ちなさい。ここに文殊という名の菩薩がいるので、会っていくといい。一緒に妙法を論議してから、本国にお帰りなさい」。

そのときに文殊菩薩は、車輪のように大きな千枚もの葉を持つ蓮華に座り、また一緒に連れてきた菩薩たちも宝の蓮華に座り、大海にある娑竭羅龍宮から自然に浮かび上がってきて、霊鷲山《りょうじゅせん》へとやって来た。（文殊は）蓮華から下りると仏前に進み出て、頭に二人の仏様（釈尊と多宝仏）の足を押し戴いて敬礼し、敬礼し終えると智積菩薩のところに行き、互いに挨拶を交わし合い、一緒に座った。

③智積と文殊の法の論議——文殊の海中教化と智積の讃嘆

智積菩薩は文殊に尋ねた。「あなたが龍宮に行って教化した衆生はどれほどの数ですか」。

文殊が答えた。「その数は限りなく、計ることができません。言葉でも説明できませんし、心で想像することすらできません。少し待ってくだされば、証拠をお見せできます」。

そう言い終わらないうちに、宝の蓮華に座った無数の菩薩たちが海から湧き出し、霊鷲山にやって来て、空中にとどまった。この菩薩たちは皆、文殊が教化した者だった。菩薩の修行をそなえており、皆で一緒に六波羅蜜について語り合っていた。もともと声聞だった人は、空中に浮かんだまま声聞の修行について説いていたが、今では皆、大乗の「空」の教えを修行していた。

文殊は智積に言った。「私が海で行なった教化は、この通りです」。

その時に智積菩薩は、歌を歌って褒め称えた。

「知恵ある人は勇ましく　かぎりない者を教化した
今、この多くの観衆と　私がこの目で見た通り
真実の姿、述べ語り　一乗の法を説き明かし
ひろく衆生を導いて　すぐに覚りを成しとげた」

④智積と文殊の法の論議——文殊の海中妙法蓮華経宣説と龍女得仏の報告

文殊が言った。「私は海中では、常に『妙法蓮華経』ばかりを説いておりました」。

智積菩薩は文殊に尋ねた。「この経は甚だ奥深く、あらゆる経の中の宝であり、世の中

にあって稀有なものです。衆生がつとめて精進し、この経を修行して、すぐに得仏した者がいたのでしょうか」。

文殊は答えた。「おりましたとも。裟竭羅龍王の王女です。年はようやく八歳です。かしこくて利発で、感覚器官による行為について知っていて、陀羅尼を覚えていて、多くの仏たちが説いた甚だ深い秘密の教えをすべて受け持つことができていて、深く心をしずめていて、あらゆる教えを理解していて、あっと言う間に覚りを求める心をおこして、もはや心変わりしない確固たる境地を得ました。お話も上手で、まるで赤ん坊を可愛がるように衆生を慈しみ思いやっています。功徳をそなえていて、心に思い口にすることは素晴らしくスケールが大きい。やさしくて控えめで、その心はみやびで、覚りに至ることができました」。

⑤智積と文殊の法の論議――智積、即身成仏を信じず、龍女登場

智積菩薩が言うことには、「私がお釈迦様を見たところ、限りない長い時間にわたって、難しい修行を苦労して行じ、功徳を積み重ね菩薩の道を求めることを、未だ嘗《かつ》てやすまれたことがない。この大宇宙を見ると、芥子粒《けしつぶ》ばかりも、菩薩が身命を捨てていない場所は有りません。（それも）生きとし生ける者のためなのです。そうして後に、やっと覚りの道を成就できるのに、私は信じませんよ、その小娘があっと言う間に正しい覚りを完成させたなどとは」。

言い終わらないうちに、龍王の娘が突然に目の前に現れた。（龍女は、仏のおみ足を）頭に頂いて敬礼し、戻って席に着き、歌で（仏を）讃えてこう言いました。

「罪も幸せも知り抜いて　あまねく世界を照らし出し
妙なる清き教えの体に　そなわる三十二の姿と
八十の良き特質で　その身を厳かに飾る
神にも人にも仰がれて　龍たちにもまた敬われ
すべての衆生で　崇めぬ者は誰もいない
教えを聞いて覚れたことは　ただブッダだけが知っている
私も大きな乗り物で　苦しむ人を救います！」

⑥舎利弗と龍女の法論——女人五障を主張する舎利弗

その時に舎利弗は、龍女に語りかけた。

「あなたは長い時間もかからずに、無上道を得たと思っている。このことは信じがたい。

それはなぜか。女の体は汚れていて、法を受ける器ではないのだ。どうして、この上ない覚りを得られようか。仏道ははるかなのだ。無量の時を経て、勤め苦しんで修行を積んで、具体的に修行をして、そして後にやっと完成するものだ。また女性の体には、さらに五つの障害がある。一つには、梵天王に成れない。二つには帝釈天、三つには魔王、四つには世界の大王、五つには仏の体（に成ることができない）。どうして女の体で、速やかに成仏できようか（いやできない）」。

⑦龍女と智積・舎利弗との法論――龍女は宝珠パスで即成仏の速さを示す

その時に龍女は、一つの宝珠を持っていた。その価値は、この宇宙全体に値するほどだった。これを（龍女は）仏に献上し、仏は、直ちにこれを受け取られた。

龍女は、智積菩薩と舎利弗に言った。「私は宝珠を献上しました。お釈迦様が受け取られたのは、疾風のように素早かったですか？　そうでもなかったですか？」。

答えて言うことには「とても素早かった」と。

⑧龍女の成仏化作

龍女が言うことには、「あなたの神通力を使って、私の成仏を見てごらんなさい。もっと素早いですから」。

その時、聴衆全員は、龍女がにわかに男子に変身して（変成男子）菩薩の修行をするなり、すぐに南方の浄土に行き、宝の蓮華に座って覚りを開き、仏特有の体の特徴をそなえて、あらゆる方向に向けてすべての衆生のために、妙法を演説するのを《見た》。

時に娑婆世界の菩薩、声聞、天龍八部、人と人でないものたちは皆、はるかに彼の龍女が成仏して、あまねくその時の集会において、人・天のために法を説くのを見て、心大いに喜んで、全員はるかに敬礼した。はかりしれない衆生が法を聞いて理解し覚り、もはや後戻りしない境地を得て、将来仏になるという保証を受けた（受記）。無垢世界は六回振動した。

⑨皆、黙然信受した

智積菩薩と舎利弗、そしてすべての聴衆は、黙って受け入れざるをえなかった。

四—三　二つの論点

ここで問題になるのは、（一）龍女はいつ仏となったのか、（二）女人五障を語ったのは誰か、の二点である。（一）に関しては、海中では成仏が確定しただけで、実際に仏になるのは後のことであるとする研究者もあり、宝珠のパスのあと変成男子して成仏したとする者が大勢である。また（二）に関しては多くの研究者が「法華経の語る女人五障」と、あたかも女人五障説は、『法華経』の説くところであるかのように記している。

これに対して、永田瑞は、「五障説として一般によく知られている［の］は『法華経提婆達多品』の」それであるが、「これは声聞乗の舎利弗の説である」と正しく注意喚起をしている（しかし、『法華経』の立場は「つゞいてのべられる「変成男子・竜女成仏」である」とした〈永田 一九七五：一六八〉のは残念である。変成男子の成仏も『法華経』の立場ではなく、方便説である）。

この二点については、四―二の説話の構造を見れば一目瞭然で、（一）龍女は海中で、文殊から『法華経』を学んで成仏した（四―二④智積と文殊の法の論議中の傍線部を参照）し、（二）で女人五障を語っているのは、永田の言うごとく、旧仏教の代表、舎利弗である。そして『法華経』はそれに反対して龍女の即身成仏を説いたのであった。

この問題を、最近、非常にクリアーな形で論じたのが、阿部龍一の「「平家納経」と女性の仏教実践」（二〇一七）である。阿部はこの論文で、平家納経の見返し絵に通底する視覚的多重性が五障説・転女成仏説に代表される女性差別の理論を否定し超克することを目指していたことを説得力をもって指摘した。

阿部は、龍女は女神で汚れていたために変成男子して南方無垢世界に転生して仏陀となったのだとすることを「通俗的な龍女譚の誤読」とし（同：一八六）、この「転女成仏を強調して五障説を正当化する龍女譚の通俗説」を「平安時代中期ごろから「捏造された偽説」」（同：一八八）とまで呼んだ。けだし正論である。

さらに注では、「『法華経』龍女譚を無条件に転女成仏を主張する経典テクストとして取り扱っている近代研究」中影響力の大きい論文として、平川（一九六八）、藤田（一九七二）、笠原（一九七五）、平（一九九二）など八編を上げている（同：二〇四注(55)）。

日蓮は、龍女は海中で『法華経』を文殊から聞いてすぐに理解して信を起こして、その身のまま成仏したと言い、龍女が成仏した時期を、『法華経』のどのチャプター（品）が説かれているときなのかも特定していた。

> 文殊菩薩の教化を受け、海中で、仏が法師品と提婆品の中間に説かれた宝塔品の時刻において仏になられたことは、いまだかつてないありがたい事であった。
>
> （『祈禱鈔』昭和定本：六七三―六七四）

かくして、成仏したあと海中から現れた龍女は、元と姿も変わらぬ畜生で幼く女人のままであった。そのためなおも成仏を疑う智積と舎利弗に対して《示された》成仏イメージが、変成男子と南方無垢世界で三十二相を具えて説法をする姿であった。梵文『法華経』の当該箇所をみると、「男子の特徴が現れた」ではなく、「男子の特徴が現れたように自身を見せた（saṃdarśayati）」となっている。

> そのとき、サーガラ龍王の娘は全世界の者たちの面前で、シャーリプトラ（舎利弗）の面前で、その女性の特徴が消え、男性の特徴が現れ、菩薩となったように自身を示して見せた

変成男子がそのような見せかけであったのと同様に、三十二相をそなえて、南方無垢世界で説法している姿も、やはり「見せられた」ものである。女人が女人のままで仏になることの可能性はこのように経典に保証されたのであった。

> 法華経以前の諸々の小乗経典は、女人の成佛をゆるさなかった。諸大乗經は、（女人）の成仏往生をゆるしているようにみえるが、それは改転《がいてん》の成仏（姿を改め転生しての

成仏）であって、一念三千（あらゆる存在のあるがままの姿）の成佛ではないので、名ばかりで実のない成仏往生である。一つの例をあげれば諸事に通じると言って、龍女の成仏は、末代の女人の成仏往生の道を開いたといえる。

（『開目抄』〈文永一一年［一二七四］〉昭和定本：五八九―五九〇頁）

このように、姿を男子に改め、転生して仏となることを日蓮は「改転《がいてん》の成仏」と呼んだ。それが有名無実であり、龍女の成仏譚はのちの女性が仏になることはなんら障害ではないことを龍女が示して女人成仏の道を開いたのであった。

おわりに

本章では、今日女性僧侶が無条件に男性僧侶の下位に置かれる際の根拠とされる「八敬法」の成立譚が、他の仏伝文献などにまったく見られない小乗戒限定のものであることを指摘し、日本の僧侶がこれに従う根拠はまったくないことを明確にした。

また、龍女成仏譚の構造を明らかにすることで、『法華経』の立場は、女性が女性の身のままで成仏する可能性があることを肯定し、女性であることが成仏に関して障害となることはまったくないというものであること、女人成仏のすがたとして人口に膾炙する「変成男子」は、この即身成仏を理解することのできない人々のため《見せられた》仮りの姿であることを改めて明示した。

参考文献

阿部龍一
二〇一七「「平家納経」と女性の仏教実践」、張龍妹・小峯和明編『東アジアの女性と仏教と文学』(アジア遊学二〇七)勉誠出版
ウイポン・クワンゲ
二〇〇九「仏教とジェンダー」『女たちの如是我聞』第九号
植木雅俊
二〇〇八『梵漢和対照・現代語訳　法華経下』岩波書店
岡田真美子
二〇一三「改転の成仏と龍女成仏——竺法護の訳経群を中心に」、伊藤瑞叡博士古稀記念論文集刊行会編『伊藤瑞叡博士古稀記念論集　法華仏教と関係諸文化の研究』山喜房佛書林
岡田文弘
二〇一七「提婆達多品現代語訳」私家版
岡田行弘

二〇一三「法華経の誕生と展開」、桂紹隆ほか編『シリーズ大乗仏教4　智慧／世界／言葉　大乗仏典Ⅰ』春秋社
笠原一男
一九七五『女人往生思想の系譜』吉川弘文館
世燈（金仁淑）
一九九三「八敬法の歴史性に関する考察」『駒澤大学佛教学部論集　二四』
平雅行
一九九〇「中世仏教と女性」、女性史総合研究会編『日本女性生活史二』東京大学出版会
平川彰
一九六八「女性菩薩の在り方」『初期大乗仏教の研究』春秋社（再版　一九八九『平川彰著作集第六巻　初期大乗と法華思想』春秋社）
藤田宏達
一九七一a・b「転女成男の思想（一）（二）」、『國譯一切經印度撰述部月報　三蔵三八、三九』宝積部第一、二巻月報（再版『國譯一切經印度撰述部月報　三蔵集第二輯』大東出版社、一九七五：一―七）
間宮啓壬
二〇〇三「日蓮にみる女人救済　改稿」、渡辺宝陽先生古稀記念論文集刊行会編『渡辺宝陽先生古稀記念論文集　日蓮教学教団史論叢』平楽寺書店
立正大學日蓮教學研究所
一九五二『昭和定本　日蓮聖人遺文第一巻』総本山身延久遠寺

渡邊楳雄
一九二六「佛陀と婦人問題」『佛陀教説の外延』甲子社書房
一九五六「女人成佛論」『法華経を中心としての大乗経典の研究』青山書院（再版　一九八九、臨川書店）

第二章　米国本土の女性仏教徒と越境
――北米開教区の動向――

本多　彩

はじめに

アメリカで最も古い仏教教団とされるのは浄土真宗本願寺派である。現在は浄土真宗本願寺派北米開教区、ＢＣＡ（Buddhist Churches of America, 以下、ＢＣＡ）と呼ばれている。ＢＣＡは一世紀以上にわたりアメリカ本土で活動を続けてきた。ケネス・タナカはアメリカ仏教全体の特徴として、民主化があり、在家中心の仏教であること、組織の平等化が見られることを挙げて、平等化の具体例として女性僧侶の台頭など女性の地位向上を紹介している（Tanaka 1998：289–290、タナカ　二〇一〇：一四四―一五五）。アメリカの本願寺派教団に所属する多くの仏教会（寺院）では開教当初からメンバー（門徒）が中心となって維持運営が行われ、地元メンバーにより組織される意思決定機関が権限を有してきた。僧侶間にせよ僧俗間にせよ上下関係はそれほど強くない言えるだろう。本章ではBCAに携わり活動してきた女性を取り上げる。その多くは日本人移民とその子孫である日系アメリカ人である。

日系アメリカ人とは、日本からアメリカに渡り、定住を決意した人とその子孫を指す。長い間、アメリカの本願寺派教団は日系アメリカ人中心の組織であった[1]。一八九七年、カリフォルニア州の日本人男性が本願寺に赴きアメリカ本土の開教を要請したことから、翌年本山は僧侶二名を派遣して現地調査を行った。同年サンフランシスコでは男性約三〇名が集まり仏教青年会が結成され、本山でもアメリカ本土に僧侶派遣が正式決定された。一八九九年に、僧侶二名がサンフランシスコに渡り開教がスタートした。日本人移民が多く住む町を中心として各地で仏教青年会が結成され、仏教会が設立される。一八九九年にカリフォルニア州サクラメント、翌年にフレスノとヴァカヴィル、一九〇一年にはワシントン州シアトルで仏教青年会がスタートしている。第二次世界大戦時に日系アメリカ人を対象に行われた調査によると、日本生まれの移民のうち六八・五%、アメリカ生まれの日系人のうち四八・七%が仏教徒であると答えている（Kashima 1977 : 53）。日本人移民と子どもの半数以上が仏教徒であり、日系社会と仏教教団の関係も密接であった。また、最近の調査では日系アメリカ人は高い宗教性を持ち続けているという結果が出された。日系アメリカ人は三世、四世と世代を経た今日も、仏教会や日系キリスト教会といった日系アメリカ人を中心とする宗教団体への帰属の割合が高いとされる（Kashima, Miyamoto, Fugita 2002）。アメリカの仏教教団の存続と日系アメリカ人の不可分の関係は、長い間継続されてきた。

ＢＣＡの歩みをふりかえると、さまざまな権限を有する組織のメンバーのトップは男性が占めていた時代が長く続いた。しかし、どの時代にあっても組織が継続していく上で女性の動きは見過ごすことができない。女性にとって、仏教会という宗教的な場は日常からかけ離れた特別な場ではなく、子どもの頃から通い、日曜礼拝や社会・スポーツ・宗教活動を行うなど慣れ親しんできた場所であった。宗教が個人の意識や宗教生活に与える影響は大きく、また宗教団体もメンバーの考え方や意識の変化に柔軟に対応することが求められてきた。

初期の日本人移民社会は、男女の割合が不均衡であったと言われている。一九〇五年までにアメリカ本土に住む日本人のうち女性の割合は、七％という報告がある（Takaki 1989：46）。その後の日米間で締結された一九〇七―〇八年の紳士協定から一九二〇年代移民法までの間に、日本人男性の妻として渡米する女性が急増し、移民社会にも多くの女性が入ってきた。各仏教会で女性の組織化が進み、一九〇〇年にはサンフランシスコ仏教会で婦人会が結成されている[2]。さらに仏教女子青年会などの女性の団体も組織されていく。

本章ではまず、仏教婦人会の初期の記録やその後の展開から、組織内の世代交代と活動の越境性を取り上げる。そしてアメリカの開教使やその妻の立場についてもふれながら、BCAに関わる多様な女性の活動の側面を展望する。BCAにおける女性の活動について、越境性という側面からも考察を進めてみたい。

一　日系アメリカ人の女性仏教徒——世代とその多様性

日系アメリカ人の間では一世、二世、三世という世代別の呼称が用いられている。一九二四年の移民法によって戦前の日本人渡米はほぼ終結したことから、この年までにアメリカに渡った人たちを一世と呼び、おおよそ二〇世紀前から一九四〇年代までにアメリカで生まれた子どもたちを二世、孫の世代を三世と呼んでいる。スペンサー（2014：34）やハン（2016：3）は、アジア系アメリカ人が主体となるアメリカ仏教を研究する際、世代を一つの視座として取り入れることが重要であるとする。本論では日系アメリカ人と一括りにするのではなく、世代経過にともなう変化に配慮しつつ考察を進める。

一世の女性と一言で言っても、その背景はさまざまである。移民を多く輩出した県として、広島県、山口県、熊本県、福岡県、和歌山県などが挙げられている。女性についても移民多出県出身者が多いものの、関東・関西を含めさまざまな府県の出身者がいる。初期のアメリカ仏教会は、異なる日本の諸地域の出身男女が集まって結成されていったと言える。さらに年齢にも差異がある。一八九〇年代に渡米した女性と一九二〇年代に渡米した女性では大きな年齢差が見られる。統計などは見当たらないが、生まれ育った宗教が、浄土真宗や本願寺派でなかった人もいたはずである。一世時代の仏教会は、多様な背景を持つ女性が集まり活動する場所であった。

二世の年齢にも開きが見られる。早くは一八九〇年代に誕生した二世から、一九四〇年代に生まれた二世もいる（Yanagisako 1985：64–65）。幼い頃の二世の日常生活は、学校が終わった後に日本語学校に通い、日曜日になると仏教会やキリスト教の教会の礼拝や日曜学校に通うというものである。二世の仏教徒はアメリカ人であるという意識を強く持ち、さらに戦前は二世であることおよび仏教徒であることの両立が二世のアイデンティティとして重要性を持ったとされる（Yoo 2000：51–53）。そうしたなか、多くの二世が体験するのが戦時中の強制収容所である。太平洋戦争の前、戦時中、戦後を通じて、自らの持つ日本のルーツとどう向き合うのか、そしてアメリカ人としていかに生きるべきかを考えてきたのが二世と言える。

戦争はアメリカで展開していた日本仏教に大きな影響を与えた。本願寺派では、戦時中一世から二世に世代交代したとされている。一九四四年に教団名Buddhist Mission of North America（米国仏教団）を、Buddhist Churches of Americaに変更してアメリカで活動する宗教団体であることを内外に明示した。組織では主要メンバーを一世から二世に交代して英語を使用言語とした。アメリカ生まれの二世へとバトンタッチすることによって、日本からの仏教という色合いを弱めつつアメリカの仏教であることを強く前面に打ち出した。テツデン・カシマによると、アメリカの浄土真宗はクライシスや危機に対応する形で、変化しながら組織が維持されてきたという（Kashima 1977）。戦時中にほとんどのメンバーが収容所生活を余儀なくされた危機的状況のなかで、アメリカの仏教であることを宣言するというのが、教団が戦時中にとった方策であった

二　一世女性による仏教婦人会活動と越境

黒木雅子は、「日系アメリカ女性に対する「従順でおとなしい」というアメリカ社会のステレオタイプとは異なり、彼女たちの静かな強さや精神的自立は男性を中心とした均質

な移民史では見過ごされがちである」（黒木 二〇一五：二四）として女性について取り上げてこなかった移民史があると述べている。結論を先に述べることになるが、一世女性は、仏教会の諸団体や移民社会の組織とも連携して、世代や性別を問わず多様な活動を行っている。彼女たちのこうした活動を可能にしたのが仏教婦人会であった。たしかに一世女性には組織の表舞台に出ていこうとする姿があまり見られない(3)。しかし仏教婦人会を通してさまざまな活動を行っており、初期のアメリカ仏教において女性の存在は看過できない。

一九世紀末、移民男性を中心に組織された仏教青年会が中心となって仏教会の初期の設立が進められたが、ここでは初期の女性組織の結成と活動を取り上げていきたい。仏教婦人会が初めてアメリカで設立されたのは一九〇〇年のことである。当時の活動の記録から一世女性の活動をうかがうことができる。

シアトル仏教婦人会を例にとれば、メンバーが居住している地域をいくつかの地区に分けて役員を置き、メンバーやその家族の変化に対応している。地区に住むメンバーや家族が病気や死亡した際、品物を持参して自宅を訪問する。さらに各地区ではメンバー宅に集まって法話会なども していた。二世に対する支援も広く行われ、二世主体となった仏教青年会や日曜学校に人的・経済的支援を行い、子どもが入院すれば見舞いに行っていたことなどが仏教婦人会の記録には頻繁に登場する。また婦人会メンバーは地元の日系社会でも食事を提供し、バザー開催やその手伝いをしていたことが記録されている（本多　二〇一一）。

一九三〇年代の活動についてサンフランシスコの教団本部に提出された報告書[4]によると、カリフォルニア州の南東にあったエルセントロ仏教会では、仏教婦人会会員数が八〇名、青年会や少年会の後援、諸種の講習会などが開催されている。ワシントン州のヤキマ仏教会では、婦人会会員が一〇〇名ほどいて日曜学校の費用負担、病人のお見舞いや出産のお祝い、バザー開催などが行われていた。同州ホワイトリバー仏教会の四〇名のメンバーは、二世子女の宗教教育を行っている。そこにはアメリカにおいては特に宗教教育が必要であるとも付記されている。

一世女性は労働や家庭での仕事もあるなかで、仏教婦人会を一つの重要な活動場所としていた。仏教婦人会に入り、活動範囲を個人や仏教会内外の団体にも拡げている。宗教的、社会的な活動が展開されている。とりわけ女性が強い期待と関心を持っていたのが次世代の若者の育成である。仏教青年会や日曜学校といった団体への積極的コミットメントは多くの仏教婦人会活動で確認することができる。

一九二〇年代から、一世女性は近隣にある仏教婦人会と連携の動きを見せる。カリフォルニア州の中加教区では、一九二三年に教区内の仏教婦人会が集まって中加仏教婦人会を結成し、年次大会が開催された。ワシントン州ではシアトル仏教婦人会がリーダーシップをとり一九三八年に西北部仏教婦人連盟が発足した。連盟にはワシントン州・オレゴン州にある仏教婦人会が加盟した。こうして各地で連盟が結成されるなど、一世女性仏教徒が地域を超えて活動を展開させていく姿があった。一九五一年、当時の本願寺派門主と裏方の北米巡教の際には米国仏教婦人会連盟が結成される。各仏教会から地域、そして全米へと連携の動きが活発化していった。

こうした活動のなか、仏教会での女性の立場にも変化が現れる。シアトル仏教会では一九三〇年代以降になって、仏教婦人会の代表者が仏教会の理事会に参加するようになった。仏教婦人会の安定的な財政や貢献が認められての加入であった。当時はオブザーバー的立場での理事会参加に限られていたことは否めない。しかしながら、仏教会での立場を少しずつ向上させながら、一世女性仏教徒は、ネットワークを拡げていたのである。

三　仏教婦人会の世代交代

教団の世代交代が進むなか、仏教婦人会は戦後数十年間にわたり一世女性が中心であり続けた。そこに変化が見られる一例として、一九六二年第六回米国仏教婦人会連盟大会において出された提案がある。「今後総連盟大会に関する通知は日英両語にする件」「連盟の連絡事項通信は日英両語御使用の事」という提案である。米国仏教婦人会連盟大会の協議および決議事項を読むと、日英両語で全仏教婦人会に報告するように依頼があったとも記されている。[5] 一九六〇年代ごろからは英語を話す世代が多く入会するようになったと考えられる。

一九六九年の総連盟大会では、各教区の仏教婦人会連盟から提出される議案については、日英両語を用いることが可決されている。[6] 一九七五年全米仏教婦人会大会の決議文には、「現在開催されている全米仏婦総連盟大会に、英語を主とする仏教婦人会員に対しては、大会参加の奨励が積極的に行われていなく、且又会員が興味を持っていません。将来の仏婦運動発展には、こうした英語を主とする会員の参加が、是非とも大切なことであり、今後連盟大会は、英語を主体とする分野を十分にとりいれるべきであります[7]」として、次世代への婦人会参加の呼びかけを進めている。仏教婦人会では一世の高齢化から、ゆっくりと二世へ世代交代が進んだとみられる。

現在、仏教会の女性メンバーの全員が仏教婦人会に入っているわけではない。そして仏教婦人会では二〇代、三〇代の女性をほとんど見かけなくなった。女性たちはどこにいるのだろうか。高校在学までは、日曜礼拝への参加や日曜学校やガールスカウト、仏教青年会に入ることが多い。結婚し子育てをする三〇代、四〇代になって再び家族と一緒に仏教会に来ることがある。なかには日曜学校教師になったり仏教会で活動する人もいるが、特別法要やお盆やバザー、法事のときしか仏教会に来ないという人も多い。仏教婦人会といった教化団体に入らない人はかなりの数にのぼるのである。

組織としての仏教婦人会は二世の次の世代、三世に引き継がれてきている。三世は戦後に生まれた世代であり、アジア系アメリカ人運動や公民権運動を経験し、人種・民族・ジェンダーの平等を重んじる時代を生きてきた人たちでもある。最近は女性だけで組織される仏教婦人会の存在意義について、男女平等の観点から疑問が投げかけられることがある。女性だけに限定されている会という形は、ポリティカルコレクトネスに反するのではないかという意見も聞かれる。こうしたことへの対応も含めて、今後世代交代が進む組織は大きな変革を余儀なくされるかもしれない。

四　今日のアメリカ浄土真宗の女性――BARC国際ワークショップの報告から

仏教会にはさまざまな形で女性が関わっている。仏教会のメンバー、開教使の妻、女性開教使などである。アメリカでは女性僧侶の台頭が見られると言われているが（タナカ 二〇一〇：一五〇―一五二）、BCAでは女性開教使の数が極めて少ない。一九三六年、イギリス生まれのスンヤ・プラットがワシントン州タコマで得度している（BCA 1998：149）。一九五〇年代に開教使となった女性は父が開教使であった。一九六〇年代から九〇年代にかけては四名ほどが開教使になっている（BCA 1998）。ＢＣＡは約一〇〇年間で約四〇〇名の開教使を輩出しているが、そのうち女性が極端に少なかったことがわかる。しかし、この人数は近年増加してきたという報告があった。

龍谷大学アジア仏教文化研究センター（ＢＡＲＣ）主催で開催された国際ワークショップで現地の開教使であるパトリシア・宇宿は、現在のＢＣＡにおけるジェンダー意識について発表を行った。(8) 二〇〇二年の女性メンバー対象の調査では、組織的な意思決定の場面では男性中心であることが明らかになった。また女性たちの声からは、多様性の視点を持って英語で話すことができる開教使が少ないという意見もあった。現在は、三世以降減少してきた日系人同士の結婚や、多様性を認める社会や平等といった意識の浸透、仏教会の人種や民族の多様性などが要因となって、仏教会に変化が見られるようになってきたという。

宇宿によると、各々の技能や経験を生かして、仏教会や仏教会の組織で、女性が中心的立場につくようになってきたという。そして女性開教使は全開教使の二〇％を占めるようになり、彼女たちから男女の差別は感じないという声が聞かれる。またＢＣＡでは開教使補（Minister's Assistant）[9]とされる人たちがいる。開教使補は異動がないこともあって近年増加しているが、開教使補のなかには僧籍を取得する人もいる。女性も多い。正式な開教使ではないが、一つの仏教会で長期間活動する開教使補は、メンバーの意識の変化や世代交代などにも敏感である。宇宿の報告では、仏教会で大切なことは教えを伝えていくことであり、ジェンダーのテーマは以前のように問題として上がらなくなってきたということである。

ここ数十年でアメリカの浄土真宗に起こった大きな変化の一つは、組織における女性の台頭であろう。開教以来、あまり表に出ることなく可視化されてこなかった日系アメリカ人女性の仏教徒、仏教会の女性メンバーも、教団や仏教会の意思決定の場に多く見られるようになった。宇宿も発表で述べていたように、仏教会や組織内に見られるジェンダーのアンバランスに対して、これまで女性が声を上げることはなかった。仏教婦人会や女性メンバー、女性開教使も、男性中心の組織であることを暗黙の了解としてきた。しかし最近になって、日系人・非日系人を問わず、そして男女ともに風通しの良い宗教教団、仏教会になってきたようである。

五　アメリカの寺族・坊守

浄土真宗本願寺派では住職の家族を寺族、住職の配偶者は坊守《ぼうもり》と呼ぶことが多い。本書では「序章」で川橋範子が、「第二部第二章」で吉村ヴィクトリアが、日本の坊守や寺族について取り上げている。浄土真宗本願寺派の「宗法」に、「寺族は仏祖の御恩に感謝し、住職又は住職代務を補佐して、この宗門及び本山並びに所属する寺院の護持発展に努めなければならない」「坊守とは、前条の規定による寺族であって、当該寺院備付の坊守名簿に登録された者をいう」とある。坊守は寺族であれば男女は問わないが、実際は住職（男性）の妻がそう呼ばれることが多い。寺族は住職を補佐し寺院の護持発展に努めると記されているのに対し、坊守は寺族の条文に書かれていること以上に特別な使命を課すという文言は見当たらない。二〇一七年に開催された本願寺派の宗門教学会議では、日本の寺院では家族運営が基本となっているなかで、坊守（会議では「住職のパートナー」と呼んでいる）の声を聞くことや坊守が学ぶ場の必要性・重要性が議論された[10]。

日本でもアメリカでも住職（開教使）のパートナーがどのように寺院活動に関わるかは、個人の意思や地域性が反映されるため一概には言えない。例えば本願寺派が国内で実施したアンケート「坊守が法務へ参加しているか」の結果、高い地域では六〇％を超えているが、低い地域は０％であった[11]。僧侶が妻帯しその子どもが僧籍を取得して寺院を継承することが当然のように考えられている日本の本願寺派の各寺院で、坊守の存在や意見がどのように扱われてきたのか気になるところである。

アメリカの仏教会にも開教使の配偶者や家族がいる。開教最初期には単身赴任でアメリカに来る開教使が多かったが、しばらくすると日本から妻とともに赴任するようになった。戦前に開教使の妻の名が出てくるのは仏教婦人会の記録である。夫が開教使として着任した仏教会の仏教婦人会会長に、妻が着任するケースが多かった。シアトル仏教会では、婦人会結成後しばらく会長は不在だったが、開教使が妻とともにやってくると、その妻が会長になった。こうした形は戦前や戦後しばらくの間、仏教会でよく見られる。戦後、開教使の妻として夫が着任したハワイとアメリカ本土の仏教会で「坊守」として活動したジェーン・今村は、「坊守の仕事を定義するのは難しい。もちろん夫の仕事をサポートして補うものである。と同時にその仕事は柔軟性と忍耐と創造性を必要とする厳しくも難しい仕事であり、すべてがダーナ・純粋な施しの心なのである」（Imamura 1998：43, 引用者訳）と記す。

アメリカの仏教会で寺族や坊守という立場は定着していると言えるのであろうか。同じ浄土真宗本願寺派で見てみる。アメリカの場合、日本の寺院とは大きく異なっている。まず仏教会は世襲制をとっていない。仏教会で開教使という宗教者としての役割は親から子へ必ずしも継承されない。仏教会で開教使の妻や子どもは僧侶の家族ではあるが、家族が僧侶になる必要も仏教会を継ぐ必要もない。多くの場合、開教使の子どもは僧籍を取ることなく別の仕事をしている。このように仏教会が世襲ではないことに加えて、開教使には異動がある。数年、あるいは五年、一〇年の勤務の過程で異動があり、辞令が出ると今の仏教会から次の仏教会へ家族と一緒に引っ越しをする。新しい仏教会でメンバーとの関係を一から始めなくてはいけないのは、開教使だけではなく家族も同じである。そして開教使引退後は自身で準備した家で生活を送る。例えば定年後に仏教会の敷地内に住むようなことはない。仏教会メンバーからすると、開教使とその家族は幾世代にもわたって仏教会という宗教施設を継承していく永続的な存在や家族ではなく、異動があるとその仏教会から は離れてしまう流動的な存在である。こうした生活をするアメリカの開教使や寺族の間で「私のお寺、自坊」という意識は、日本の寺族や僧侶より低いのかもしれない。

寺族や坊守といった立場は、日本で「〇〇寺の坊守さん」「△△寺の娘さん、息子さん」というように特定の寺院とのつながりを明示して用いられる場合が多い。所属寺院が、寺族や坊守の属性やアイデンティティの一つとなる。寺院では、住職という立場は住職の子どもに引き継がれ、また坊守は次の住職の配偶者に継承されるのだと、寺族からも門徒（檀家）からも想定され期待され、所属寺院、住職、寺族、坊守が一本の線でつながっている。他方ＢＣＡでは、住職・寺族・坊守といった寺院内の立場は、特定の家族あるいは仏教会で世代を経て継承されていくものではない。アメリカの仏教会は家族による寺院運営形式をとらないのである。個人に寺族や坊守といった意識はそれほど強くは見られず、異動になった先の仏教会で、そのメンバーたちと良好な関係を結んでいくことが好ましいとされる。開教使の異動、引退、非世襲制をとるアメリカの浄土真宗本願寺派教団は、継続的で世代継承していく寺族や坊守を生み出してこなかったと言えるのではないだろうか。

おわりに

アメリカの浄土真宗本願寺派は、長い歴史を持つ仏教教団として、これまでにも数多くのアメリカ仏教研究や日系アメリカ人史研究などに取り上げられてきた。しかし、そのなかにまだ語られていないことが多くある。その一つが女性の存在であろう。激しく変化する国家関係やアメリカ社会のなかで、仏教会やＢＣＡの存続が可能であったのは、女性の活動や彼女たちの想いが大きい。仏教婦人会の利他的活動は、仏教会の諸団体の枠を超えて行われていた。また地域や国レベルでも活動のネットワークを拡げながら、協同して活動しようとする女性の姿が見られる。

ＢＣＡや仏教会では長い間男性が中心となって維持運営されてきたが、世代が代わっていくなかで、ジェンダーや平等性という意識が広がり、今日では「もはやジェンダーは問題ではない」とまで言われるようになった。女性メンバーや女性開教使も活動しやすい環境が整ってきたようである。

アメリカでは、開教使は世襲ではなく、さらに開教使はある仏教会から次の仏教会へと仏教会を移っていくことも多い。その点でアメリカの仏教会で長く続いてきた非世襲というあり方や開教使の定期的異動といった状況が、開教使の家族の「坊守」や「寺族」の意識の希薄化につながったと言えるであろう。今後は仏教会に対する開教使の妻や家族の意識についても考察を深めていきたい。

浄土真宗の教えの基盤は御同朋・御同行の精神にある。これは、僧俗の立場を超えて、男女が共に如来の教えをよろこばせていただくという教えである。これからも常に、さまざまな立場や背景を持つ人たちの声に耳を傾け、悩みや苦しみをかかえる人々から目を背けることなく、活動していくことが求められよう。

注

（1）アメリカ仏教研究では仏教教団の分類が行われてきた。ＢＣＡについてナティエは移民の仏教であるとして手荷物型・エスニック仏教と名づけ（Nattier 1995）、またケネス・タナカは旧アジア系仏教徒に分類している（タナカ 二〇一〇：三三―三八）。

（2）日本では明治時代に仏教婦人会が全国の寺院に設立され、一九〇七年に本願寺派の仏教婦人会の全国組織である仏教婦人会連合本部が組織されている。近代の仏教婦人会について、ＢＡＲＣ（龍谷大学アジア仏教文化研究センター）では二〇一七年七月一四日に、「近代仏教婦人会の興起とその歴史的意義」（中西直樹）、「小野島行薫の関東開教と上毛婦人教育会」（岩田真美）、「相愛女学校創設と大阪婦人会の動向」（近藤俊太郎）の各発表が行われた。

（3）Yanagisako（一九八五）は一世や二世の女性の考えには男性が表に立ち、女性は裏方でという日本の男女観が投影されているとしている。

（4）半期活動報告（昭和一一年一〇月から昭和一二年三月）。

（5）第六回米国仏教婦人会総連盟「代表者会議事録」大要報告（一九六二年三月一一日、フレスノ別院）。

（6）第一三回全米仏教婦人会総連盟大会（一九六九年三月九日、布市コンベンションセンター）。

（7）決議文17th Annual National Federation of Buddhist Women's Conference, October 11,12, 1975.

（8）パトリシア・宇宿の発表 "Transcending Dichotomy: a perspective from America" BARC（龍谷大学世界仏教文化研究センター）二〇一七年度国際ワークショップ「越境する日本の女性仏教徒」二〇一七年七月一七日。

（9）二〇一五年時点で開教使は四三名（うち日本からの開教使一七名）、開教使補は一六一名とされている。
（10）浄土真宗本願寺派『月刊宗報』（第五九七号）六月号、平成二九年六月、三〇―三七。
（11）同前書、三一。

引用文献

Buddhist Churches of America（BCA）
1998 *Buddhist Churches of America: A Legacy of the First 100 Years*. San Francisco: BCA.

Han, Chenxing
2017 "Diverse Practices and Flexible Beliefs among Young Adult Asian American Buddhists," *Journal of Global Buddhism* Vol.18,3.

Imamura, Jane Michiko
1998 *Kaikyo: Opening the Dharma*, Honolulu: Buddhist Study Center Press.

Takaki, Ronald
1989 *Strangers from a Different Shore*, New York: Penguin Books.

Kashima, Tetsuden
1977 *Buddhism in America: The Social Organization of an Ethnic Religious Institution*, Westport, Conn.: Greenwood Press, 53.

Kashima, Tetsuden, S. Frank Miyamoto, Stephen S. Fugita
2002 "Religious Attitudes and Beliefs among Japanese Americans: King County, Washington

and Santa Clara County, California." *Behaviormetrika* Vol. 29. No.2.

Nattier, Jan

1995 "Visible and Invisible: The Politics of Representation on Buddhist America" *Tricycle* 5 no.1 Fall.

Spencer, Anne C.

2014 "Diversification in the Buddhist Churches of America: Demographic Trends and Their Implications for the Future Study of U. S. Buddhist Groups," *Journal of Global Buddhism* Vol. 15.

Tanaka, Kenneth K.

1998 "Epilogue: The Colors and Contours of American Buddhism." Charles S. Prebish and Kenneth K. Tanaka eds. *The Faces of Buddhism in America*. Berkeley: University of California Press.

Yanagisako, Sylvia Junko

1985 *Transforming the Past: Tradition and Kinship among Japanese Americans*, Stanford: Stanford University Press.

Yoo, David

2000 *Growing Up Nisei: Race, Generation, and Culture Among Japanese Americans of California, 1924-49*, Urbana: University of Illinois Press.

ケネス・タナカ
二〇一〇『アメリカ仏教──仏教も変わる、アメリカも変わる』武蔵野大学出版会
黒木雅子
二〇一五「「日系アメリカ人」の構築と変容──複合的マイノリティのサバイバル」、京都学園大学『人間文化研究』第三四号
本多　彩
二〇一一「アメリカの仏教婦人会」、女性と仏教　東海・関東ネットワーク編『新・仏教とジェンダー──女性たちの挑戦』梨の木舎、二九三─三〇九

第三章　越境する寺族女性たち
――日本とハワイの調査から――

横井桃子

はじめに

二〇一七年末から二〇一八年初めにかけ、アメリカ・ハリウッドから始まっていたMeToo運動[1]は、日本においてもSNS上で盛り上がりを見せた。SNSを駆使する若者たちの、就活や就労あるいはプライベートな場面におけるハラスメントへの告発は、瞬く間に拡散されていった。また、二〇一八年四月には大相撲地方巡業の舞鶴場所で、土俵で挨拶中に倒れた舞鶴市長を救助するために女性が女人《にょにん》禁制とされる土俵に上がったことに関してさまざまな問題を呼び起こし、神事の女人禁制に批判が噴出した。浄土真宗本願寺派の仏教女性たちで組織される仏教婦人会は、二〇一八年二月にその綱領を改定し[2]、「み法の母」や「仏の子ども」といった文言を削除した。宗教界にもMeToo運動やフェミニズムの波が押し寄せつつあるのではないかと期待を寄せた。

宗教におけるジェンダー問題は、いくつかの分類が可能であろう。一つに、宗教教義におけるジェンダー問題であり、フェミニスト神学で議論される聖書の男性優位な記述内容や、仏教経典の女人往生論の解釈などが含まれる。さらに、大峯山《おおみねさん》などの霊場の女人禁制や、「いえ」制度・世襲制の維持のために先祖祭祀と結びついた女性観などは、宗教制度にかかわるジェンダー問題と言えよう。そして、宗教組織内の構成員が担う役割に関するジェンダー問題である。もちろん、これらの問題はそれぞれ独立したものではなく、教義が制度の根拠とされたり、制度が役割を規定することもあり、すべての要因は複雑に絡み合って存在していると言えよう。

ジェンダー宗教学の研究は、右記のように多岐にわたるフィールドにおいて積み重ねられてきた。そうしたなかで筆者は、宗教教団の構成員が担うジェンダー役割に焦点を当てて研究を行ってきた。近現代にかけての社会的価値観の変遷に沿うように宗教教団もその姿かたちを変容させてきた。近年、宗教の公共性・公益性の問題が指摘され始めたなかで、筆者は、各地域に存立する宗教施設のはたらきを誰が担うのかを注視し、宗教のジェンダー問題としてとらえる必要があると考えている。つまり、「宗教の社会貢献」を論ずる際に、誰がその担い手となっているのかをジェンダーの視点から常に問わなければならないのである。

こうした問題関心から、本章では、浄土真宗本願寺派の寺族女性について、門信徒と呼ばれる信者との関係や地域活動への参加といった側面から、その役割と彼女らが抱える問題を明らかにしていくこととしたい。また、こうした宗教と社会との関係のなかのジェンダー問題を考える際には日本とそれ以外の国との比較をとおして検討することも有用であると考え、浄土真宗本願寺派教団が一九世紀末から布教を行うハワイの地を研究のフィールドとし、日本とハワイのそれぞれの社会の特徴や宗教制度などの違いを考慮しながら検討した。

一　日本の坊守

一―一　坊守はなにをする人なのか

浄土真宗においては、開祖・親鸞が肉食妻帯《にくじきさいたい》を行ったという歴史的事実から、公式的に僧侶の婚姻が認められてきた一方で、「坊守」という呼び名が定着するのは近世後期以降のことである。浄土真宗本願寺派の宗門法規にある寺族規程第四条[3]によれば、「住職の配偶者」が坊守《ぼうもり》にあたることが示され、その職務として「住職を補佐し、教化の任にあたる」こととされている。この寺族規程に記されている「住職の配偶者」という文言は二〇〇四年に「住職の妻」から変更されたものである。それまで坊守は「住職の妻」と定められており、女性のみが担うこと（＝男性を排除すること）を前提としていた。この二〇〇四年の改正をもって、女性住職の配偶者として男性坊守の存在が認められるようになった。しかしながら、未だ制度上の問題として残るのは、「住職の配偶者」が半ば自動的に「坊守」に位置づけられてしまう点である。住職の配偶者の主体的な「選び」からはかけ離れたところで自分の位置づけがなされ、「坊守」としての役割に縛りつけられてしまう現状が指摘されている（川橋　一九九九）。

本願寺派では、宗門寺院の現状を把握するため、一九五九年から「宗勢基本調査」を数年おきに行っている。二〇〇〇年以降のほぼすべての宗勢基本調査において、住職と坊守に関する基本的属性を問う項目が設定されている。住職の性別は九六％以上が男性であり、女性住職は全体の四％に満たない。一方で坊守の性別は九九％以上が女性で、男性坊守は全体の一％もないことがわかっている。また住職から見た坊守の続柄は、約八割が「住職の配偶者」である。このように統計データを見ても、寺院は男性住職を長に据えた典型的な家族運営事業であると言える(4)。

宗勢基本調査で興味深いのは、法務（葬儀や法要などの儀式）・寺務（法務以外の寺院内での作業）といった仕事について、誰にどの程度負担があり、またその仕事がどの程度重要かを検討している点である。第八回宗勢基本調査データを用いて住職と坊守の役割を検討した窪田（二〇〇六）は、坊守の全体像を、五〇代の戦後教育を受けた人たちが多く、坊守就任後は坊守としての仕事に専念していて、寺族婦人会にはできる限り参加しているような人物である、としている。さらに寺院が担う活動が住職と坊守にとってどの程度重要であるかを分析した結果、住職は寺院活動の公的・私的側面にあたる仕事を重要だと認識しており、一方坊守は、寺院活動の私的側面の仕事を重要だと認識していた[5]。また「寺院の教化団体を指導・育成すること」「寺院子弟の教育」「地域の子どもたちへの教育」についての坊守の重要度の認識も高く、坊守の仕事が住職と比較して、寺院活動・地域活動ともに公的・私的側面に関わり、全般的かつ多面的であることを指摘している。これらを総合すると、坊守は寺院活動の私的な部分を担いながら、家族内の再生産労働をこなし、地域に貢献することが求められている役職であることがわかる。窪田はこれらの結果をうけ、寺院の多種多様な活動が、住職の仕事・坊守の仕事と明確な役割分業がなされているわけではなく、むしろ両者が共同して役割を果たしていると考え、坊守は住職の補佐的役割ではなく、一人の宗教人として確立された役割であるとみなされていることを指摘する（窪田二〇〇六）。たしかに、宗勢基本調査の坊守のはたらきぶりを見るに、一家族の〝主婦的な〟役割以上に、宗教人としての役割が期待されていることは明らかであろう。しかしそれは、坊守たちが〝主婦的〟あるいは〝女性的〟と呼ばれるような再生産労働や、家事労働場面における「名もなき家事(6)」ならぬ宗教活動における「名もなき活動」を担っていないことを意味しないのではないか。もしそれが〝女性・妻・母だから〟という理由で押し込められているのであれば、ジェンダー論の視点からその実態を問いなおさなければなるまい。

右記の住職や坊守の担う活動にも挙げられたとおり、宗教の地域への貢献は今や宗教信者にとどまらず社会からの要請となっている。こうした宗教の社会貢献活動を考えるにあたり、筆者は誰がその活動の負担を担うのかを問題にしてきた。これまでの宗教の社会貢献研究においては、宗教団体・宗教者の目に見えやすい活動が取り上げられがちで、地方に存立する宗教の地道だが地域社会で一定の役割を担う活動はその陰に隠れてしまっていた。多くの宗教施設において、その運営や業務に宗教者家族がかかわっている可能性が高いことを考えれば、宗教者家族にとっての宗教活動のみならず、宗教者家族の社会貢献活動をも含み込んで検討していくべきであろう。

一―二　聞き取り調査から見えてきた坊守の活動

二〇一三年に関西圏農村地帯に存立する寺院および首都圏内の市街地・地方都市に存立する本願寺派寺院を対象として、寺院関係者へインタビュー調査を行った。社会貢献の実情や門信徒・地域住民とのつながりの維持のありようを検討することを目的とした。すべての寺院において住職、坊守の二人（あるいは前住職、前坊守）がインタビューに参加した[7]。

窪田の先行研究（窪田 二〇〇六）で見たとおり、寺院活動の裏方的側面（敷地内の清掃や訪問者の接待）は坊守が担うことが多いことがわかっている。一方で、住職の補佐を職務とする坊守は、住職の代わりに法要を勤めたり法話をしたりする役割を担うことも、インタビュー調査から明らかになった。

「女ってだけのこと」のハードル

「法事してくださいっていうので何軒かお参りしたことはあります、どうしても住職がお参りできないときとかは。でも進んで法務はしてないですね」と語る坊守のように、積極的に法務にはかかわらないが、主たる法務従事者である住職のサポート役として僧籍を持つ坊守が法務を担うことは多い。しかし、女性で僧籍を持つことや女性が法務を担うことへの批判を受けることも少なくない。「「女の坊さんなんかをよこしやがって」という苦情が入ってくる、クレームとして起きてくるということがありますね」という経験をした首都圏のA寺住職は、「尼僧の寺院以外は、男がお坊さんであるという、変な認識があるんでしょうね」と現状を憂えていた。

「女の坊さんでもよかった」って思ってもらうためのハードルが、最初から高い。女ってだけのことをまずは納得していただくっていうところが、一番大きなハードルですね。【坊守】

A寺の坊守は女性僧侶批判に対して右のように述べ、女性僧侶としての自身の立ち位置を明確に認識し、この「ハードル」を越えていくために日々勉強し法話や読経のレベルを高めていく努力を行っていた。

ジェンダー差は法務以外の側面でも見られる。その一つに意思決定場面からの女性の排除である。「女性の立場で居心地の悪さを感じるのは、やっぱり（寺院運営の）役員会とかですね」と語った坊守は、「いつも住職に言うんですよ。「坊守も責任役員だからここ（会議の場）におります」ってみなさんに言ってくださいって」と会議に参加する意思を見せる一方で、「前の代（前坊守）が全然会議に入っていなかったので、一気に入っても反発が来るかもしれない」という理由で「（テーブルの真ん中を指し）こういうところには座らないで、（部屋の隅を指しながら）ちょっとこのへんに控えてる」という葛藤も見られる。男性ばかりの意思決定の場に、女性がようやく顔を出し始めた状況である。

坊守の感じる法務へのハードルや、会議での居心地の悪さは、教化や運営などの寺院の公的活動からの女性の排除の歴史が、現代の坊守の活動に影響を及ぼしていることを反映していると考えられる。インフォーマントの坊守たちは、法務や寺務に参画する際の〝女性であること〟で起こる障壁を感じ取り、それを乗り越えようとしている。

坊守特有の人づきあい

地域での社会貢献活動の場でも、坊守の活躍は顕著であった。調査対象となったすべての寺院において、住職あるいは坊守のいずれかが、地域の自治会や町内会、子ども会などにかかわっていた。地域奉仕活動にかかわることは、当該地域に住む者として当然のことなのだろう。

ではなぜ、寺院の住職・坊守は社会貢献活動に注力するのだろうか。農村地帯の寺院の坊守は「（町内会に参加することについて）なんでかって言ったら、みなさんと一緒にいろんなことをして、その反面お寺にも協力してもらわんなですやんか。やっぱり持ちつ持たれつやからね」と語るように、地域活動を行うことによって門徒や住民からの寺院へのさまざまな協力を得ることを少なからず期待しているためであることがわかる。「お互いさま」「持ちつ持たれつ」という認識が寺院と地域住民との間に共有されているからこそ、人々は地域への貢献活動を行うのである。

しかし、そうした地域住民との人づきあいのなかで、坊守がある種の気づかいを見せていることがわかった。坊守は寺院の窓口となりながら、地域の活動にもかかわり、住職と同じかそれ以上に門信徒や地域住民と豊かな交流を持っている。しかし住職の語りでは見られない、坊守特有の人づきあいのありようが語りから見受けられた(8)。

(門信徒とのつきあいについて)言い方はアレですけど、腹を割ってってよう言わはりますやん、大人って。でもやっぱり、(門信徒には)気づかいしてる部分が多いかな。【坊守】

地域の人と仲良しになるっていうのはホンマにないです。腹を割って話すっていう人もありません。【前坊守】

やっぱりなかには、「いつも奥さんはあの人らだけと仲良くしてる」と言う人もいる。人間って、ちょっとしたジェラシーみたいな、やっぱりお年寄りはそう感じる人もある。だからおばあちゃん（義母・前坊守）は、「坊守はすべてにおいてみんなと平等に接していかなあかんのやで」って（言っていた）。【坊守】

多くの坊守の語りから見られた特徴が、坊守の門徒とのつきあいの上での配慮である。門徒のなかの特定の人と親密に交流することを避け、どんな人にも平等に接することで、寺院内のコミュニティおよび門信徒同士の人間関係を潤滑にするはたらきを担っている。このように、特に農村部においては門信徒や地域住民とのつきあいのなかで不協和を発生させないような坊守のつきあい方への配慮が見られる。これは〝坊守であるがゆえに〟求められる気づかいなのだろうか。右記のような門信徒や地域住民に対する気づかいは、住職の語りには見られなかった。もちろん住職も人づきあいの上での配慮をしている可能性はあるのだが、インフォーマントの坊守たちが、自身に求められている人づきあいの理想的なあり方を敏感に感じ取り、それを実践しているという語りは、住職には課されない〝坊守であるがゆえ〟の負担を反映していることになるだろう。坊守は人づきあいのバランス感覚を身につけ、その配慮によって地域コミュニティの人間関係を潤滑にしている可能性が示された。しかし、坊守に対してそうした人づきあいのバランス感覚を身につけることを期待することで寺院と地域の活性化が成り立っているという図式は、ジェンダー役割に基づく社会関係資本の不均衡といった側面をも露呈させているのではないだろうか。

寺族女性の存在意義を模索して

現場で懸命に活動する坊守や寺族女性には、そうしたジェンダー不均衡な状況のなかでも〝女性であること〟を強く意識し、それをポジティブにとらえようとする意識もある。

たしかにお寺って、住職がいないとそもそも成立しないいんですけど、寺族女性はいなくてもお寺は成立するんですよね、本来は。（中略）ただやっぱり、そのなかで寺族女性って何かっていうのと、寺族女性はお寺で何ができるかっていうのを考えたときに、ご門徒さんも半分は女性ですから、間違いなく。そこにやっぱり寺族女性っていう人たちの存在意義は、多分出てくるんだろうなって思うんですよね。【坊守】

やっぱり、女性の悩みっていうのは女性じゃないと共感し得ないっていうのが結構ありますんで。【坊守】

B寺の坊守はこのように語り、賛同するようにB寺住職も自身の社会貢献活動の経験とともにこのように語っている。

やっぱり女性でしか話し合えない部分が大きいんだろうなっていうことは理解できた。（中略）女性の悩みはやっぱり子どものこととか。生活の困窮っていう意味ではね、子どもを抱えることが多いから。あとはやっぱり体力的な問題とかもある。（中略）男性はやっぱり女性のそういう悩みって基本的に理解してないので、話しても通じないっていうね。（男性が）そういう（女性を理解しないような）態度になるのもダメだなぁと。【住職】

住職と坊守が協働するこのB寺では、坊守が〝女性であること〟で持てる強みを自身のなかに見出し、その強みを生かそうと寺院運営や社会活動に積極的にかかわろうとする姿勢が見られた。住職も坊守の姿勢に賛同し、〝男性であるがゆえ〟に理解できない態度をとってしまうことに自省を促しているようにも見えた。

〝女性であること〟の強みを探求し、坊守の存在意義を見出そうとする動きは、女性の活躍の場を広げる点で意義深いが、一方で〝坊守・女性だからできること〟という一点を過度に強調してしまうことは、住職や男性の立場の人を排除する方向にもなりかねない。寺院運営を担い地域を支える宗教者の役割を性別によって固定することは多様性の否定にもなりうる。フェミニズムが目指すものは、ジェンダーによって役割や負担を押しつけられない社会である。

二　ハワイの開教使家族

二―一　ハワイ社会における日系宗教・本派本願寺の変容

多様性を持つようになった社会に存立する宗教施設の運営に携わる宗教者は、日本の場合と比較して、よりジェンダー的に自由に役割を担ったり（あるいは担わなかったり）しているのだろうか。本節ではハワイを比較対象として、海外布教を行う僧侶である「開教使」とその家族の役割や意識を明らかにしていく。

なぜハワイを対象にするのかという疑問に答えておくべきだろう。一九世紀末から二〇世紀初頭にかけ、多くの日系宗教教団がハワイへの布教に乗り出した。プランテーション農園という一大産業が生み出した日系移民社会と密接に関連してきた日系宗教は、ネイティヴ・ハワイアン文化とキリスト教文化が融合した異文化環境のなかで、その制度や文化を変容させつつ定着してきた経緯がある。ハワイにおいては日系移民文化がローカライズされ定着しているという点で特徴的であり、この日系移民社会を主導してきたハワイの宗教指導者＝開教使を対象として研究することには一定の意義があると考える。

一九五九年にアメリカ合衆国の五〇番目の州として認められたハワイ州には、二万八三一一平方キロメートルの面積に、現在一三六万人以上が暮らす。ハワイ州内の人種構成を見てみると、白人は少なく（二四・七％）、アジア系が三八・六％と多数派で、また混血が二三・六％と多い。アジア系の内訳を見てみると、日系人は一三・六％、約一八万五〇〇〇人とフィリピン系に次いで多い（Mutual Publishing 2011）。日系人が多いことから仏教徒も全人口のうち約八％と他州と比べ多く（Pew Research Center 2014）、郊外には日本由来の寺院や神社が点在する。人種的・宗教的多様性を持つ地域であると言ってよい。

日系宗教で最大宗派とされる浄土真宗本願寺派（ハワイにおいては〝本派本願寺 Hon-pa-Hongwanji〟が正式名称である）の寺院は、別院を含め三三がハワイ州の各地に存立している。本派本願寺ハワイ開教区においては、日本国外への仏教・浄土真宗の布教をはかるという目的で派遣される僧侶のことを「開教使」と呼び、二〇一六年現在では二六名の開教使が日々布教伝道につとめている（浄土真宗本願寺派 二〇一六）。開教使の民族についていは、日本にルーツを持たない開教使も存在するがごくわずかであり、ほとんどが日本国出身（アメリカ合衆国に帰化した者も含む）であるか、親や祖父母が日本から渡来したいわゆる「日系二世」あるいは「日系三世」と呼ばれる日系人である。今でこそハワイで生まれ育った日系二世・三世の開教使も多く見られるようになったが、以前は日本で生まれ育ち開教使としてのプログラムを終えた日本国籍の者が、ハワイでの布教伝道に携わることが圧倒的に多かった。今でも本派本願寺ハワイ教団において、日本人開教使のハワイ伝道は途切れることなく続いており、言語的・文化的な障壁にぶつかりながら浄土真宗の教えを伝えようと努力を続けている。

一八九七年に正式にハワイ布教を開始した本派本願寺は、一八九九年に今村恵猛《えみょう》がハワイに来任し、開教監督に就任する。まず今村は、本山からの支援が非常に少なく布教活動に困窮する本派本願寺ハワイ教団において、独立自給の方法を講じるため、さまざまな面でアメリカ化を推進していった。仏教青年会や仏教婦人会、日本語学校といったコミュニティ機能を発展させるとともに、仏典の英訳や日系二世僧侶の育成、日系人以外の多人種への布教を積極的に行っていったことが特徴である（高橋 二〇一四）。さらに、ハワイの移民社会においては檀家制度がなじまないこと、そしてアメリカ式の宗教制度に従う必要性があることから、一九二三年には開教使のみの教団運営体制から信者代表を含めた議制会へと組織改革を行った。本派本願寺ハワイ教団は今現在も信徒を中心に構成される理事会（board）が実質的決定機関の役割を果たしている。聖職者中心の教団から「信者支配型教団」への体制の移行（中野 一九八一）は、アメリカ社会において日本仏教が定着するために必要なことであったのだろう。

戦前の最盛期には約一〇万人（日系移民の総人口の三分の二）の信者数（中嶋 一九九三）を誇っていた本派本願寺は、寺院数としても日系宗教のなかでトップであり、一九四一年時点では三八の寺院を擁していたという。二〇一六年現在の統計データ（浄土真宗本願寺派 二〇一六）では、護持会員が五一〇八人、信徒が一万三〇〇〇人という結果が公表されている。一九八六年時点での護持会員数は一万二一六人であった（浄土真宗本願寺派 二〇一六）ことから、この三〇年間で護持会員数は半減したことになる。こうした護持会員（信者数）の減少にともなって、寺院数も減少を続けている。二〇一六年時点での本派本願寺ハワイ教団の擁する寺院数は三一、別院は二となっており（浄土真宗本願寺派 二〇一六）[9]、そのなかでも開教使が住み込みで勤務せず近くの寺院と兼職している、いわゆる無住の寺院も少なくないことから、活発に活動している寺院は全盛期に比べて減少していると言えよう。実際の活動組織の数を見ても、フェローシップ（法話会）は一五団体、日曜学校も一八団体、各寺院の教化団体として仏教徒で構成される活動組織のうち最大規模を誇る仏教婦人会も二四団体（メンバー数一六一六人）（浄土真宗本願寺派 二〇一六）と、すべての寺院で仏教徒による活発な活動が行われているわけではない。

二―二　本派本願寺ハワイ教団の制度上の特徴

制度の上で日本の寺院の住職とハワイ教団の開教使の異なる点を挙げるとすれば、以下の三点にまとめることができるだろう。まず、各寺院にメンバーを中心に構成された理事会組織が存在する点である。理事会メンバーによって度々持たれる会議においては、寺院の年次計画や予算を話し合うだけでなく、寺院に配属された開教使の給与の決定が行われるなど、日本寺院の総代会よりもかなり強い諮問・意思決定の機能を持つ機関である。それゆえ、「開教使は、雇われマダム的に振る舞わざるを得ないという意見」（井上　一九八五）も散見される。

二点目には、開教使の転任制がある。日本の真宗寺院は一般的に世襲制が多く、住職の子どもが次期住職となり、そのまた子どもが将来的に住職を継承していく、という形式がほとんどである。もちろん、新設された寺院や住職が不在の寺院に入寺するという僧侶もいるが、彼らはいったん入寺すればその寺院を離れることはまずほとんどない。しかし、ハワイの開教使は、寺院に「赴任する」という形をとり、理事会の任免決議やハワイ開教区総長の命によって各地の寺院を転々とする。三年程度から長くて一〇年程度のスパンで転任を行うのが通例である。

三点目に、ある程度の年齢になると退職する、リタイアの制度があることである。基本的に世襲制を採用する日本の真宗寺院の住職は、六〇歳を過ぎても寺院運営や布教伝道の第一線で活躍することは少なくない。住職を次世代に継職させた後も前住職として寺院活動にかかわる者もいるし、自身の子どもが住職を継承すれば、前住職として寺院の庫裏＝自身が長く住んだ家に住まうことが可能である。こういったことから日本の真宗寺院においては「住職継職」に意識が向きがちで、「リタイア」という意識は薄い。一方でハワイの開教使はリタイアすると、開教使として布教伝道にかかわることはほとんどなくなる。一メンバーとして日曜礼拝といった宗教活動に参加したりする程度である。

ここまで、ハワイ開教区における開教使を取り巻く制度について述べてきた。このようなハワイ開教区に特有の制度と制約の下で生活を送る開教使について、日本の真宗寺院の住職とは異なる生活の様相が浮かび上がってきた。しかしこれらの制度に影響を受ける人物は開教使だけではないことに注意が必要であるだろう。すなわち、開教使の家族の暮らしぶりや役割にも大小さまざまな影響があることが考えられる。次項では、ここまで見てきたハワイ社会や本派本願寺教団の特徴をふまえながら、開教使とその配偶者の役割や活動におけるジェンダー問題をコミュニティやメンバーとのかかわりのなかから検討していこう。

二―三　開教使夫婦へのインタビュー調査から

対象となったフィールドは、ハワイ州のうちハワイ島とオアフ島に存立する各寺院である。調査は二〇一三年に行った。メンバーとの日々のコミュニケーションを通して、開教使や配偶者が自身の役割をどのようにとらえているかを聞き出すことを目的とした。インフォーマントは一四組二一名の開教使および配偶者であった。この調査の特徴として、現役で開教使をつとめる者だけでなく、リタイアした元開教使とその配偶者にもインタビューを行った点が挙げられる[10]。

ハワイの諸寺院での活動を見ておこう。日曜礼拝（Sunday Service）はハワイのどの寺院にとっても重要な活動であり、教えを伝えていく場でもある。無住寺院以外の寺院では毎週日曜日に開催される。また開教使は個人の葬儀・法要なども もちろん執行する。また宗教活動以外の教育組織やボランタリー・アソシエーションの活動も非常に活発である。寺院付属の日本語学校以外にも書道、華道、柔道といった日本文化をルーツに持つ生涯学習教室を多くの寺院で開催している。こうした多種多様な教育機会の提供は、（日本語学校を除き）メンバーが中心になって行っているようである。開教使やその家族は一参加者として活動に加わる程度であり、気軽に交流を楽しんでいるようであった。

各寺院にはメンバーの教化組織として仏教婦人会（ＢＷＡ：Buddhist Women's Association）や仏教青年会（ＹＢＡ：Youth Buddhist Association）などがあり、特に仏教婦人会は多くの寺院で組織されている。仏教婦人会は女性メンバーを中心としたボランタリー・アソシエーションであり、バザーやガレージセールといった寄付金を募るための活動や、プロジェクト・ダーナという高齢者・障害者への福祉ボランティア活動の中核的存在である。筆者も参加したイベントにおいては、仏教婦人会メンバーが手作りした食事が振る舞われるなど、寺院行事へも大いにコミットメントしている。ハワイにおける仏教教団のボランティア活動は、仏教婦人会が中心となって行っていると言ってよいだろう。実際に開教使からは「宗教団体のボランティアが活発なのはアメリカ社会の特徴だけれど、それを支えているのは仏教婦人会のメンバーたち」だという語りが得られている。こうした仏教婦人会の活動に対して、開教使や開教使の配偶者が積極的にかかわることは少ない。筆者が参加したバザーにおいては、その最中に開教使夫婦が少し顔を出し挨拶を交わす程度で、活動自体をメンバーたちと一緒に行う様子はあまり見られなかった。もちろん開教使の妻がメンバーとともに仏教婦人会の活動を盛り上げることはあっても、彼女らが主導して動かしていくことは、現代のハワイ教団においてはほとんどないようである。

時代変化にともなう役割の変化

それでは、ハワイ教団における開教使の配偶者は何を行っているのだろうか。インタビューをしたところ、時代変化と明確な関連が見られることがわかった。リタイアした元開教使の配偶者二名に対し、開教使時代についての仕事をたずねたところ、いずれも日本語学校の講師をしていたという答えが返ってきた。リタイアした元開教使も当時の妻の日本語学校での仕事ぶりを振り返り、高く評価していた。

日本語学校があったので、坊守[11]がそこで教えるということはあったけど、外に出てはたらくということはなかったですね。（中略）それ（日本語学校の講師としてはたらくこと）が当たり前だと思っていました。【リタイアした元開教使の配偶者】

奥さんが日本語学校をやるのはとーっても助かったよ、本当に。【リタイアした元開教使】

これらの語りからもわかるとおり、開教使も配偶者自身も、寺院の関係組織である日本語学校に開教使の配偶者がつとめることが当然のこととして受け入れられていたのである。

この傾向は戦前の開教初期の頃からの潮流をくんでいると見られる。開教初期の開教使とその配偶者は日本国出身で日本語能力を備えた者たちであったことからも、寺院付属の日本語学校で日系二世たちに日本語を教える需要に対して最適な人材であった。開教使たちの困窮した生活を少しでも救うためにも、給与が支払われる日本語学校の教師という職は願ったり叶ったりだったのだろう。もちろん、日本語学校の講師としてはたらく合間にも来客の接待やメンバーとの交流を行い、日曜日は日曜礼拝への参与も行うことが開教使の配偶者には求められていたし、配偶者たち自身もそれを受容していた。

「仕事は?」という問いへの葛藤

しかし時代変化にともない、開教使やその配偶者のエスニシティに多様性が生まれてきた。日系二世・三世開教使や、非日本人の配偶者（日系人や白人系の配偶者）の誕生である。また、メンバーたちの世代交代も進み日系三世・四世メンバーが増えるに従い、ホスト社会=アメリカ的価値観を持つメンバーも増えてきた。こうした時代変化は、開教使の配偶者の役割をも変容させてきた。インフォーマントの現役開教使の日本人妻は、開教使が所属する寺院の事（寺）務にかかわる仕事や関連組織での職員の仕事をする者もいたが、それに対してメンバーからある疑問が投げかけられるのだという。

メンバーの人から「先生（開教使のこと）は開教使だけど、じゃあ、あなたは仕事はどうするの？」って聞かれるんですよ。はたらきに出るということが普通になってきているんですね。【配偶者】

（はたらきに出ることについて）よく聞かれますし、他の奥さんたちも言われているみたいですね。（中略）（私は）今はこの仕事（寺院の事務スタッフ）があるからいいけど、「次の仕事はどうするのか」みたいなことは、たまに（メンバーから聞かれることがある）。【配偶者】

開教使の妻もはたらくべきだという考えがメンバーのなかに共有されており、実際にメンバー側から開教使の妻に対し、寺院の外での自由な就労を勧めるケースも見られた。そうした空気を開教使の配偶者たち自身も感じ取っていることがわかる。しかし、彼女らは自身の就労を寺院外に積極的に求めることはしない。その理由を日本人妻たちはこのように述べている。

仕事をするにしてもやっぱり、日曜日にサービスに出られるような仕事でないと……。

そう思うと結局、（寺院関係の）日本語学校とかの講師に（なるのがいい）、ってなってしまう。【配偶者】

（はたらくことは）難しいよね、やっぱり。子どももいるし、お寺も手伝わないとって思うし。【配偶者】

この語りからは、彼女たちは、開教使の家族として寺院の行事を手伝い、日曜礼拝などの行事に参加するべきであると考えていることがわかる。寺院での開教使家族としての役割の規範と、メンバーからの就労を勧める声との間で悩む姿が明らかになった[12]。

一方で、寺院にはまったく関係のない民間企業などに勤めている開教使の配偶者も存在していた。多くは仕事の関係でインタビューが叶わなかったが、日本出身でない女性であることがわかった。彼女たちは教員であったり、福祉サービス業であったりと職種はさまざまであったが、いずれもフルタイムの仕事を持っていることがほとんどであった。こうした配偶者は、「開教使の家族としての役割規範」の意識は希薄で、開教使の側も配偶者に対して寺院活動への参与はあまり求めていない。開教使夫婦の間である程度経済的に自立した関係を築いていることがうかがえる。しかしながら彼女らが寺院の活動にまったくかかわらないというわけではなく、非日本人配偶者のうち数名は仕事の時間の合間を縫って寺院行事やボランティア活動に顔を出していることがわかっている。

開教使の配偶者が、周囲から寺院活動へのコミットメントを求められていない背景には、日本とは異なるハワイ教団の制度があるためだと考えられる。前述したとおり、ハワイ教団の運営制度はアメリカ化にともない信者主導による寺院運営に移行した経緯がある。理事会による意思決定のみならず、各種イベントをはじめとした寺院での社会活動をメンバーが積極的に主導していたハワイ教団の運営に関しては、開教使の配偶者の力に頼る必要がなくなっていったと考えられる。転任制により数年ごとに指導者が変わるハワイ寺院においては、メンバーによって実質的に護持運営がなされてきた。こうした教団制度と男女平等の成熟した意識とが重なり合った結果、メンバーらのなかから開教使の配偶者に対して就労を勧める声が出てきたのではないか。

しかしそうした職業選択の自由を保障された開教使の配偶者、特に日本人配偶者は、寺院にコミットしたいという思いや開教使を支えるべき・支えたいという思いと板挟みになり葛藤している現状がうかがえた。開教使でもなく信徒でもない曖昧な立場の開教使の配偶者は、日本の坊守のようにその身分の規程すらもない。そうしたなかで主体的に仏教へとかかわっていきたいと思い、仏教にかかわることを選択した開教使配偶者の存在を、ハワイ教団がどのように包摂していくのかが問われているだろう。

おわりに――越境を目指して

本章では、坊守や海外開教使の配偶者の存在に着目しながら、制度に影響を受ける社会参加のあり方やジェンダー役割の違いを検討してきた。最後に、改めて結果を述べるとともに、寺族女性を取り巻く課題と解決方法を提示したい。

世襲制を多くの寺院が採用する日本においては、女性が法務や寺務にかかわることへの批判や居心地の悪さ、人づきあいでの坊守のあるべき姿が語られ、坊守に与えられる固定的なジェンダー役割が明らかにされた。坊守らの語り口からは、性別役割分業によって運営されてきた寺院のありようが、現代的価値観にそぐわないものとなってきていることを示している。

現代日本社会において、共働き家族はもはや当然の家族の形態となってきている。そうした女性もはたらく時代において、時間的余裕のある専業主婦を主体としていた仏教婦人会などは衰退を免れ得ないだろう。仏教婦人会などの教化団体を主導する立場にある坊守や住職も、意識変革を求められる時期がやってきているのではないだろうか。ジェンダー平等な社会で多様な価値観を持ちながら心豊かに生きることが可能であることを、仏教的価値観と照らし合わせて伝えていくことが求められる。またそうしたジェンダー平等な姿を住職や寺族が率先して見せることができれば、地域社会のジェンダー不平等も解消されていく可能性がある。こうした社会へのエンパワーメントとなりうる仏教を求めた活動は、すでに超宗派の仏教女性たちの集まり（女性と仏教　東海・関東ネットワーク　一九九九・二〇〇四・二〇一一）によって試みられている。ジェンダー問題は、さまざまな差別問題や不平等の問題と通じるものであり、宗教者はこれらの問題に自覚的になることが求められるだろう。

一方でハワイにおいては、開教使の配偶者の自由な就労が制度的にも文化的にも可能となっているが、主に日本人配偶者は「開教使の配偶者としての役割」をまっとうするために寺院活動にかかわりたいという希望を持っていた。主体的な選びが可能となっている点においてはジェンダー平等であるととらえることができるが、しかし現代のハワイ教団において開教使の配偶者は、開教使でもなくメンバーでもない非常に不安定な身分でしかないことには注意を払う必要がある。特に日本から渡米した開教使の配偶者は、在留資格において就労やその他のさまざまな活動が制限されていることが多い。アメリカの社会制度においてもハワイ教団組織においても不安定な身分の開教使の配偶者が、主体的な選択の結果、仏教女性としてかかわろうと決めた場合に、ハワイ教団が彼女らをいかに包摂できるかという寛容性が問われている。

本派本願寺ハワイ教団は、次世代継承の課題に対応するために、日系二世・三世の開教使や非日系人開教使の養成に注力している。将来的には日本人開教使や日本人配偶者は次第に減少していくことも考えられる。仏教にかかわりたいと希望する配偶者は将来的にはいなくなるかもしれない。それでも、普遍的宗教としての仏教教団は今ここにあるジェンダー問題の解消に向けたアクションを起こさなければならないだろう。これらの問題の解消の先に、日本とハワイの制度の違いを超えた新しい寺院・新しい寺族のかたちが構築されていく可能性がある。

注

（1）セクシャル・ハラスメントや性的暴行を告発する運動。ソーシャル・ネットワーキング・サービス（SNS）上では「#MeToo」というハッシュタグを付して、セクハラや性的暴行の被害体験を報告・共有する動きが見られた。

（2）旧綱領（昭和四一年制定）は以下のように定められていた。「私たち仏教婦人は／真実を求めて生き抜かれた親鸞聖人のみあとをしたい／人間に生まれた尊さにめざめ／深く如来の本願を聞きひらき／み法の母として念仏生活にいそしみます／一、ひたすら聞法につとめ　慈光に照らされた日々をおくります／一、念仏にかおる家庭をきずき　仏の子どもを育てます／一、「世界はみな同朋」の教えにしたがい　み法の友の輪をひろげます」。

（3）浄土真宗本願寺派の坊守に関する規程としては、宗法第五章第二六条、寺族規程第四条および寺族規程第四条の二がある。

（4）『第八回宗勢基本調査報告書』（二〇〇五）、『第九回宗勢基本調査報告書』（二〇一一）、『第一〇回宗勢基本調査報告書（教区別集計）』（二〇一六）を参照。

（5）例えば、寺院活動の公的側面の仕事として、「寺院の法要・儀式の執行」「教化団体の指導育成」などが挙げられる。また寺院活動の私的側面としては「家事および家族の世話」「本堂・境内の清掃」「寺院行事の準備や世話」などが挙げられる。

（6）大和ハウス工業が二〇一七年に行った、『共働き夫婦の「家事」に関する意識調査』において、料理、洗濯、掃除といった名前のある家事以外の、「トイレットペーパーがなくなったときに買いに行く」「食事の献立を考える」「靴を磨く」などの、夫が家事と認識していない家事労働のことを「名もなき家事」と呼ぶ（https://www.daiwahouse.co.jp/column/pdf/kajishare.pdf 二〇一八年七月三〇日取得）。

（7）詳しい調査結果については、拙稿「坊守がつなぐ地域――寺院は女性で支えられる」（櫻井義秀・川又俊則編『人口減少社会と寺院――ソーシャル・キャピタルの視座から』、二〇一六年、法藏館）を参照されたい。

（8）インフォーマントの語りについて、（　）内は筆者による注釈である。以下すべて同様。

（9）護持会員以外で浄土真宗に協力する者、または理解を示す者のことを指す。

（10）詳しい調査結果については、拙稿「ハワイ社会における開教使夫婦の役割の変容――日系宗教の教団制度のアメリカ化に着目して」（『大阪大学大学院人間科学研究科紀要』第四四巻、二〇一一一九、二〇一八年）を参照されたい。

（11）余談であるが、リタイアした元開教使やその配偶者は、開教使の配偶者を〝坊守〟と呼称していた。しかし現役の開教使および開教使の配偶者は、「開教使の妻って、日本と違って身分がないんですよ」という語りからもわかるとおり、開教使の配偶者を〝坊守〟であるとは認識していなかった。ここにも時代による配偶者にまつわる認識の変化が見られる。

（12）開教使の妻たちが寺院外での就労をためらう理由には、ビザ等の在留資格の条件も挙げられている。

参考文献

Mutual Publishing

2012, *Hawaii State Data book*, Mutual Publishing.

Pew Research Center

2014, "*Religious Landscape Study*"（二〇一八年七月三〇日取得、http://www.pewforum.org/religious-landscape-study/）

第八回宗勢基本調査実施センター編

二〇〇五『第八回宗勢基本調査報告書』

第九回宗勢基本調査実施センター編

二〇一一『第九回宗勢基本調査報告書』

第一〇回宗勢基本調査実施センター編
二〇一六『第一〇回宗勢基本調査報告書（教区別集計）』
大和ハウス工業株式会社
二〇一七『共働き夫婦の「家事」に関する意識調査』（二〇一八年七月三〇日取得、https://www.daiwahouse.co.jp/column/pdf/kajishare.pdf）
井上順孝
一九八五『海を渡った日本宗教――移民社会の内と外』弘文堂
浄土真宗本願寺派
二〇一六『平成二八年度版　宗勢要覧』（非売品）
女性と仏教　東海・関東ネットワーク編
一九九九『仏教とジェンダー――女たちの如是我聞』朱鷺書房
二〇〇四『ジェンダーイコールな仏教をめざして――続・女たちの如是我聞』朱鷺書房
二〇一一『新・仏教とジェンダー――女性たちの挑戦』梨の木舎
川橋範子
一九九九「仏教と女性――宗派を超えた対話から」、女性と仏教　東海・関東ネットワーク編『仏教とジェンダー――女たちの如是我聞』朱鷺書房、一二一―一二六
窪田和美
二〇〇六「真宗寺院における住職と坊守の役割――第八回宗勢基本調査からみる坊守の多面的活動」『龍谷大學論集』四六八：一一八―一四六
中野毅

一九八一「ハワイ日系教団の形成と変容――本派本願寺教団と日系コミュニティ」『宗教研究』五五（二）：四五―七二
中嶋弓子
一九九三『ハワイ・さまよえる楽園――民族と国家の衝突』東京書籍
高橋典史
二〇一四『移民、宗教、故国――近現代ハワイにおける日系宗教の経験』ハーベスト社
横井桃子
二〇一六「坊守がつなぐ地域――寺院は女性で支えられる」、櫻井義秀・川又俊則編『人口減少社会と寺院――ソーシャル・キャピタルの視座から』法藏館、三六一―三八八
二〇一八「ハワイ社会における開教使夫婦の役割の変容――日系宗教の教団制度のアメリカ化に着目して」『大阪大学大学院人間科学研究科紀要』四四：一〇一―一一九

【付記】本章第一節で行った日本調査は、基盤研究（C）課題番号二四五二〇〇六二「寺院仏教とソーシャル・キャピタル――過疎・中間・過密地域の比較」（研究代表者：櫻井義秀）の一環としてなされたものである。

同じく第二節で行ったハワイ調査は、『卓越した大学院拠点形成支援補助金「コンフリクトの人文学国際研究教育拠点」平成二五年度大学院生調査研究助成』の助成を受けたものである。

各調査にご協力いただいた皆様に感謝申し上げます。

第二部　実践篇

第一章　ジェンダー不平等な現場からのレポート
――伝統的出家型尼僧の視座から――

飯島恵道

はじめに

仏教におけるジェンダー観やジェンダー不平等に対するとらえ方は、宗派ごとまた地域ごとで温度差が大きいものと思う。また、私はそれについて専門に研究を進めている研究者ではなく、その現実を生きている、いや、生きざるをえず、という立場にある。これまで尼僧たちは、自らが置かれた立場について語ることをしなかった。その一つの理由は「現状批判などしたら、生きていけなくなる。だから、今のままでよい」ということだろう。これは尼僧全員にあてはまるとも言いきれないが、当たらずとも遠からずではないかと感じているし、語らない状況は今なお続いている。

私が住職をさせていただいている寺がある地域では、現地の仏教界におけるジェンダー不平等を訴える者もなく、平穏に過ごせている。そのような環境のなかで、私も寺院を運営し、今に至っている。普通に生きていられるのだから波風を立てずに現状を維持していく選択をしつつ過ごせば、可不可なく過ごすことができるだろう。しかしその平穏さは、はたして本物なのか。偽りではないのか。不平等と感じ、疑問を抱くのは、私自身の感覚や認識が間違っているからなのか。自問自答を繰り返している。

今まで何度も同じようなことを話し、書かせていただいた。実は、今までと少し違うこともある。それは私が書いた文章を見てくださる方が少しずつ増えてきたということである。良きにつけ悪しきにつけ、批判を賜る機会も増えた。これはひとえに「仏教と女性」に関して語り続けてきた活動の賜物であろう。今回もほぼ同じ内容の事柄と、プラスアルファのことを書かせていただこうと思う。

一　私の立ち位置

まずは自己紹介をさせていただく。

私は信州にて尼寺の住職をつとめている。私はこの寺のかつての住職である尼僧にひきとられて育てられ今に至っており、一五代目の住職をつとめさせていただいている。寺の創建時は臨済宗妙心寺派の大きな寺院の隠居寺（御開山様は男僧）として建立され、四代目から尼僧が住職をつとめるようになった。開創当時のことは今となってはよくわからないが、その当時から、お檀家さんを持たない小規模寺院であったことは変わらないのだろうと思う。

かつてわが宗門では（おそらく多くの尼僧はそうだったのだろうと思うが）、尼僧は男僧の弟子にならなければならず、自身では弟子をとることができなかった。しかし、戦後になってようやく弟子をとることができるようになり、結果、女性と男性は制度上では平等になったのである。ということは、尼寺も男僧寺院も制度上では平等であると言えるのであるが、しかし、戦後七〇年以上が経過した今、完全に男女平等が実現しているかというと、NOと答えざるをえないのが現実である。私はその現実のなかでもがき続けている。

寺の法務（わが寺の仕事）についてご紹介する。大寺院であれば主な法務は「葬儀・法事」であると思うが、わが寺の主な法務は、信徒さま宅の月忌にご供養にうかがう「月参り」である。月参りにうかがうお宅の九割以上は菩提寺があり、わが寺は「信徒寺」という位置づけにある。葬儀などの場合は菩提寺の住職が導師をつとめ、わが寺から用僧として出頭したり、あるいは諷経僧（客僧）として参列させていただくことが多い。月参りにうかがっているお宅のご葬儀であっても、脇導師をつとめることはほとんどない。そもそも現代では一仏一件もしくは一仏のみのご葬儀が増えているため、脇導師の依頼は今後はもう来ないだろう。時々、他寺院の葬儀に用僧として声をかけていただき、そのご葬儀のお手伝いをさせていただくこともある。ご葬儀後は年回忌法要などに菩提寺のご住職の脇に座らせていただき、読経させていただいている。

平成一九年、寺の改築工事が竣工した。工事費用は信徒さまから浄財を寄付していただくことで六割を確保できたが、残りの四割は金融機関から融資を受けることで賄い、今もってローンの返済が続いている。三〇年かけて三〇〇〇万円を返済する計画であり、今は、返済の真っただ中にいる。月参り、法事、葬儀などの収入から経費を引いた分を支払いに充てている。ようやく一〇年ほどが経過した。滞りなく返済をしていくのは当然のことではあるが、そのために費やす物理的なエネルギーもさることながら、精神的エネルギーの費やし方はそれ以上のようにも感じる。

法務遂行の目的が「ローン返済」というのはなんとも「お寺らしくないし、お坊さんらしくない」と思うが、これが現実である。

収入の足しになればと思い、講演の講師をつとめさせていただいたり、隣市のデイサービスの看護師としてパートをさせていただいている。

二　尼僧の立ち位置についての私の感触

尼僧の立ち位置についての私の感触を一言で括ると、「仏教に関与する女性は周辺化されている」である。これは私の体験を通しての主観的私見にすぎないが、言いえていると思っている。

読者の皆さまのお住まいの地域ではどうであろうか？　「尼僧さんに会ったこともない」「尼僧さんと話したこともない」という方も多いのではないだろうか。私自身、「剃髪をしている女性のお坊さんに会ったのははじめてです」と言われることも多いし、子どもに至っては「え？　おんな？」と珍しそうに、遠巻きに、声をかけてくることも多い。また、所属する宗門の青年会の機関紙に女性僧侶特集が組まれることになり、いざ、誰にインタビューをしたらよいかとピックアップを試みたが、「尼僧さんてどこにいるの？」「なかなか見つからない」という状態であった。同じ宗門に属していても、尼僧と交流がないという男僧がいるのが現状である。周辺化に加えて透明化しているのではないだろうか、そんな風にも感じる。「存在の透明化」、すなわち、「いないわけではないけれど、存在していることは確かだし、近くにいることもあるのに認知してもらえない」、これはなんとも悲しい現実に思える。

三　身近な地域での尼僧の立ち位置

全体的な傾向としては「尼僧も男僧と同等の立場なのだから、自身が住職をつとめる寺の法要の導師は、尼僧自身がつとめるのが当たり前」ということで、男女関係なく、自身が住職をつとめる寺の法要においての導師はその寺の住職がつとめている。昔のように、本寺の住職がつとめる時代は終わったと地域では認識していることの証拠であろう。この流れのなかで、役割が回ってきたらそれを断らずにつとめさせていただくという尼僧自身の「一歩前へ」の行動を推奨したいし、自分もつとめさせていただきたく思う。そのためには法式について改めて学びなおす必要がある。修行する場所が違うと、細かな所作が異なっていることが多い。尼僧の修行道場と本山でも違いがある。したがって、お役が回ってきたら、その場でとにかく学びなおして何度も繰り返し練習をして、お役をまっとうできるよう精進せねばならない。頑張るしかない。

法要においては、このように一歩前進の感があるが、それ以外では、「尼僧は一歩後ろに」というのが根強く残っているように思う。大きな法要においても、尼僧は率先して法《はっ》堂《とう》の配役を受けようとしない。重要な配役は若い男僧任せにしてしまう。私自身もたとえば住職交替の式である晋山《しんざん》式においては接茶の役割をいただくことがほとんどであり、法堂での配役は詠讃師以外は未経験である（これは私の実力の無さや、人間的な器の問題やら、お寺の規模の問題もからむことであろうから、尼僧であることだけが原因とは一概には言えないとも思う）。年齢をかさねると、「若い人に任せてしまったほうが楽」という怠惰な思いが生じるようになってしまった。怠惰な心は修行の妨げになる。自戒しつつこれまた頑張るしかない。

「尼僧なのだから、尼僧らしく後ろ（ウラ）に下がっているべきだし、外（オモテ）に出るべきではないし、男僧より前には出てはいけない」、そのような暗黙の了解が、なんとなく大前提になっていないだろうか。尼僧のなかではこれは常識であり、男僧のなかでは、尼僧の存在は周辺化された存在でしかないため、配役を決めるにあたっても、尼僧の名前が浮かんではこないのであろうと思う。

四　月参り・葬儀・法事

前述のように、月参りはわが寺の主な法務であり、定収入につながっている。お参りにうかがうのは日中の時間帯であるため、信徒宅におられるのは主婦／主夫層もしくはリタイア後の方である。最近では、社会の変化にともない、月参りにも少しずつ変化の波が押し寄せているように思う。

ひと昔前はリタイア後は家におられる方が多かったのだが、最近は地域活動やボランティア活動、またデイサービスに出かけたりということで、家にいる方が少なくなってきている。そのため月参りも中止となる件数も増えており、それが寺の収入減に直結している。

月参りでは、毎月決まった日にその信徒宅へお参りにうかがわせていただくのだが、他の用事と重なると、日程変更をお願いしなくてはならない場合もある。毎月のご命日のことを「たち日」と呼んでいる。たち日は、ご遺族にとってはとても大切な日である。にもかかわらず、私の都合で日程変更をさせていただくことは、とても心が痛むことである。「ごめんなさい」と思いながら、日程変更をお願いする連絡をさせていただく。「「大切な人の大切な日」にお経をあげてもらえないなら、お参りにきていただかなくて結構です」と判断される場合には、月参りを断られ、「変更はいたしかたなし。都合の良いときにお参りに来てくだされればそれで結構です」と思っていただける場合には、お付き合いを続けていただけることになる。強制はしない。その方のこころに添うかたちのご供養のお手伝いができればそれでよいと思っている。寺と信徒さんのつながり方は、檀家制度によるつながり方とはまた違い、双方の思いの力によりご縁をいただいていると認識している。檀家さんではないので、「葬儀ができたら、必ずうちに電話を入れてくださいね」とも言えない。第一報を入れるべきは菩提寺さまであるから。ご葬儀後も、月参りや盆・彼岸の供養などを継続させていただき、収入アップにつなげることを考えるべきであろうが、なかなかそこまで思い切れずにいる。われながら「経営力ゼロ」だなと思う。申し訳ない限りである。

前述のように、葬儀に関してはお手伝いをする役割（用僧）をいただくことがほとんどであったが、葬儀の小規模化が進みまた家族葬が増えるにつけ、単独で葬儀の依頼を受ける機会も増えてきた。が、ここは地方であり、寺檀の関係もしっかりしている地域であるため、都会に比べたら、菩提寺を持たないお宅は少なく、したがって当寺への依頼件数はかなり少ないと思う。社会のなかで葬儀の小規模化が進むと同じくらいの時期に、「葬儀は不要、お寺は不要」という考えの下、葬儀を行わない送り方をされる件数が激増した。また、小規模葬・家族葬においても、菩提寺のご住職が単独でつとめられることが多くなり、用僧の依頼もほとんどなくなった。今後も葬儀・法事による収入は減少の一途をたどるであろう。

五　八敬法

一、半月ごとに比丘の教誡を乞うこと。
二、安居の時かならず比丘に依ること。
三、自恣の時比丘に見聞疑の罪の指摘を請うこと。
四、比丘・比丘尼の二部衆について具足戒を受けること。
五、比丘を罵ってはならないこと。
六、比丘の罪をあげつらってはならないこと（但し比丘は比丘尼を呵責することができる）。
七、麤、罪（僧残罪）を犯せば二部衆の中で慚悔し滅罪すること。
八、受戒後百歳の比丘尼といえども新受戒の比丘を礼すべきであること。

（『禅学大辞典』大修館書店〈一九九三・三〉）

八敬法《はちきょうほう》の内容を見ると、現代社会にあっては理解が困難な内容がほとんどではないだろうか。しかし、現代日本にあっても、この八敬法の内容が踏襲されていると私は感じている。「日本」と括ってしまうと語弊があるかと思うので、「わが身辺には」とさせていただこうと思う。たしかにわが身辺にはこのような発想が基盤となっての風習が残っていると思う。先述した僧侶の並び順などもこれに基づいているのではないかと思う。しかし、最近では、頑なにそれを守る、ということではなく、修行を終えてまだ年数が浅い男僧さんが、席をゆずってくださったり、茶所で一緒にお茶の接待をしてくださったりということが増えてきた。その心配りがなんともうれしく感じられる。こんな自然なかたちで男女平等が実現していったら理想的だなとも思う。

六　尼寺育ち

私は尼寺で尼僧により育てられた。かつては尼寺育ちの子どもは多く、夏休み中に「双葉の集い」という三泊四日の参禅会もあった。わが寺のように、未婚の尼僧が養子をとり育てるというケースが多かった。が、現代にあっては、尼寺で育つ子どもの数は激減している。今、若い尼僧のなかで、尼寺育ちであるという女性は、はたして何人おられるだろうか。尼寺育ちがいないということは、そのまま尼寺の後継者不足に直結しているように思う。

七　「弱者」から「バルネラブル」へ

たしかに私は「弱い人間」である。意志も弱いし、からだも弱い。だからこそ、人一倍頑張って、お寺をなんとかしようともがいている。弱さを自分で自覚し、なんとかしたいと考えて行動するのは当然のことである。また、住職をつとめているお寺も、いわゆる骨山弱小寺院である。が、ローン返済のためにも、お寺を私の代で潰さないためにも、持てる力以上に頑張ってなんとかしたいと日々格闘している。

しかし、今、社会は「男女平等があたりまえ」に変わった。仏教界もその方向に向けて進んでいるのではなかろうか。そうでなければ、全日本仏教会が男女平等もその内容に掲げる「SDGs」(1)を活動の中心に取り入れさまざまな企業や団体との創造的協働を促進するようなこともしないであろう。仏道を歩む者として、同じ方向を見てもよいのではなかろうか。いや、同じ方向に向かって進むべきではなかろうか。とはいえ、全日仏がそのような方向を向いていること自体、地方にはまったく伝わってこないし、何も変わらない。また、SDGsという新しい言葉に踊らされて、単なる一時的な目標設定に終わるとしたら、それこそ意味がない。サスティナブルであることこそ重要なのである。目標として掲げたのであれば、そしてそれが仏教界にとって必要なものであると認識しておられるのであれば、SDGsの各課題を今後いかにしたら「持続可能」なものとしていけるのかにつき、具体的な実践も示しつつ活動を展開する必要があろう。「持続可能」ということであるのだから、役員が変わってもなお継承される活動理念であってほしいと願っている。

この論文を書き進める中で、私はある一つの言葉と出会うことができた。それは「バルネラブル」という言葉。身近ではよく語られていたのだが、聞く耳を持てていなかった自分が情けない。言葉の意味につき、ホスピス病棟などにて音楽療法士としてケアに携わっておられる佐藤由美子氏の記事を引用させていただく。

「なぜ、アメリカでは障害者を「弱者」と呼ばないのか?」

(前略)

このような社会では、障がいや病気のある人を「弱者」とは呼ばない。もし、彼らを"weak people(弱者)"などと呼んだら、アメリカ人は間違いなく「差別だ」と言うだろう。もし、障がい者が「社会的弱者」であるとしたら、社会が変わる必要があると彼らは考えるのだ。

「弱者」の代わりに英語では、「バルネラブルな人たち（people who are vulnerable）」という言い方をする。日本語にはない表現で、「弱者」とも意味が違う。バルネラブルは、障がいの有無を問わず誰もが経験することだ。たとえば、言葉の話せない国に行ったとき、暗い夜道を一人で歩いているとき、風邪にかかったときなどには、バルネラブルな状態になり得る。

私が生まれて初めて、長期間このような状態を経験したのは、一九歳でアメリカに渡ったときだった。英語がほとんどできない状態で大学に通いはじめた私は、すべてのことにおいて助けが必要だった。どのように大学のクラスを取ればいいのか、宿題は何なのか、どうすればバスに乗れるのか、シャワーはどう使えばいいのか。当たり前のことがわからなくて本当に困った。とにかく助けてくれそうな人を捕まえて、慣れない英語で何とかわかってもらおうとする日々だった。

このような状況が一年ほど続いた頃、心身共に限界を感じた。常に助けられる立場にいるということが、いかに疲れることで苛立つことかを初めて実感したのだ。

この経験は、後に音楽療法士となり、障がいや病気と共に生きている人たちと接する上で役に立った。私には障がいや病気はないかもしれないが、バルネラブルな状態になったことは何度もある。その点で共感することができるからだ。

「弱者」という言葉が、〈彼ら〉と〈私たち〉を区別する言葉だとしたら、「バルネラブル」は、人間誰もが経験する苦しみや悲しみを通じて、私たちをつなぐ言葉である。

（後略）

（https://www.huffingtonpost.jp/yumiko-sato/handicap-difference-japan-usa_b_17633392.html　二〇一八年六月二〇日閲覧）

バルネラブルという言葉がストンと胸に落ちた。「「弱者」ではなく「バルネラブル」と認識したらよい」のだと。そして、弱者が強者に従い、従わなければ握りつぶされる、ということではなく、弱者も強者も、男も女も、大変なときには力を分かち合いつながっていく、そんな思いで過ごせばよいのだと思うことができた。誰でもが、バルネラブルな状態になりうる。男僧寺院でも、尼寺でも、それは同じである。そのようなときに、寄り添うためには、寺の大きさとか、財力とか、名誉とか、そんなものは置いておいて、必要なサポートをする、それは当然のことである。道元禅師も名聞利養を捨てるべきと説いておられる。そこに戻ればよいだけの話である。

私のなかではこのように認識を新たにすることができたが、これを周囲にしっかり伝えるまでには時間がかかるかと思う。伝える前に、握りつぶされてしまうことも考えられるが、踏み潰されてもまた起き上がる雑草のように、これからも空を見上げて生きていきたいと思う。

注

（1）SDGs（サスティナブル　ディベロップメント　ゴールズ）

二〇一五年の国連サミットで採択されたもの。「誰一人取り残さない」持続可能で多様性と包摂性のある社会実現に向けて、国連加盟一九三カ国が二〇一六〜二〇三〇年の一五年間で達成するために掲げた一七の目標。

第二章　ニッポンの田舎における英国人女性僧侶の冒険

吉村ヴィクトリア

イントロダクション

これは、九州の山間部にある四三〇年の歴史を持つ浄土真宗の寺院で、二三年間にわたり暮らしてきた私の、個人的かつ主観的な記述である。このレポートは、私を取りまく一連の状況に関する、私の観察というかたちで記した。自分に起きたさまざまな状況に私が対応してきたやり方は、必ずしも理想的なものではない。西洋の女性として日本の地方寺院で生活し、そこでサバイバルするため、私の体験はいつも緊張感に満ち溢れていた。他の人からは挑戦的な態度として受け取られることも、しばしばあった。とはいえ、私はユーモアのセンスを維持しようと努め続けた。また、日々のチャレンジは私にとっても、私と日常生活をともにする人々にとっても、お互いに学びあう体験であると考える。悪戦苦闘の毎日のなかで、すべてを受け止めるような目覚めた生き方をするのは、なかなか難しいものだ。

一　来日する前——私の生い立ち

さて、私の生き方をジェンダーの視点から検討する前に、まず私自身の背景を少し説明しておきたい。私は一九七〇年にイギリスで生まれた。イギリスで大学に進学し、卒業して二週間後に日本にやってきた。小さな山あいの町で三年間仕事をした後、大いなる未知の世界に飛び込むことになった。つまり、私はある浄土真宗寺院の、一七代目の住職と結婚したのである。それをきっかけにして、私自身もやがて僧侶になる。

私が日本で仏教の僧侶をしていると聞くと、人々はしばしば「キリスト教の信仰を捨てるのは難しくなかったですか？」と私に問いかける。ほかによく耳にする驚きの声はこうだ。「えーっ！　あなたのご両親はあなたが日本に来て結婚するのを、よく認めてくれましたね？」。

それに対し、私の西洋の友人たちは、仏教の僧侶と言えば、剃髪《ていはつ》して、サフラン色の僧衣をまとった、ベジタリアンの独身であるというイメージを持っている。そのため、「仏教の僧侶は結婚してはいけないんじゃなかったのかい？」と、いつも疑問を投げかけてくる。

ちなみに、私の父は無神論者だったし、私の母は不可知論者《ふかち》である。イギリスの宗教というものは、日本の宗教と非常に似通っていて、何らかの危機が生じるまでは、それについてあまり考えないものである。人々は病院に入院する際、書類のチェックリストの記入をするような状況になる。そして記入の途中でふと手が止まり、思い出す。英国国教会と記されたところにチェックを入れなければならないな、と。

私の父は、子どもの頃は教会の少年聖歌隊のメンバーであった。だが、成長するに従って「教会」とキリスト教の考え方に、非常に懐疑的になっていった。彼は、カール・マルクスが「宗教は大衆のためのアヘンである」と考えたところまでは、正しい方向に向かっていたと明言した。私の母は、宗教には曖昧な態度をとっていたが、そこに何かしら本質的に善きものが存在しているという期待は持っていたようである。ただ、これは矛盾しているのだが、私の家族は教会でやっている音楽と聖歌が大好きで、私はクリスマス・キャロルを歌う礼拝には、母と一緒に毎年参加していた。

また、私の父は、悔しくて歯ぎしりをしながらではあったが、キリスト教のカリキュラムを持つ司教座聖堂学校（※訳注：聖職者が経営する学校。当初は聖職者養成を目的としたが、次第に俗人の子弟も教えるようになった）に、私を入学させざるをえなかった。なぜなら、私の町でまともな教育水準を保っていたのは、その学校だけだったからだ。この学校の聖堂での礼拝の時間には、しばしば聖書を朗読する係に選ばれた。私は朗読の持つ力が好きだったたし、また、自分が生まれついての役者であることも発見したのだ。

私の父の共産主義的な傾向は、歯医者という仕事について回る、典型的な中産階級のイメージへの抵抗を意味した。ワイシャツにスラックス姿で、ボルボの後部座席にはゴルフセットが乗っている裕福な歯医者のイメージは、彼の敵であった。父は、自分はきつい仕事で金を稼ぐ労働者階級であると宣言するだろう。たしかに彼は勤勉に働き、ジーンズとデニムのジャケットを着て、ゴロワーズのタバコを吸い、車はガタガタのシュコダ（※訳注：チェコの自動車会社、かつて「時代遅れ」のイメージが強かった）に乗っていた。

このような父に加えて、理想主義者かつフェミニストで、難民に英語を教える仕事をしていた母がいた。その上、私には三人の兄がいて、私自身も兄たちと対等に育てられた。私の名前であるヴィクトリアには、勝利を得るという意味があり、それが私に与えられたゴールであった。私は人格形成期に、両親と兄たちからの愛と支援を感じながら育った。勉強は楽しかったし、夢を自由に追うのも認められていた。私には力が与えられ、広い世界に乗り込む準備ができたと感じたのだ。

そして、二二歳で日本にやって来たとき、日本の南西の先端に位置する、この宮崎県の山間部で、ジェンダーの問題がそこに暮らす人々の日常生活にどのように現れているのかを探る、私の「現地調査」が始まったのである。

二　来日当初のこと——女性らしさという教え

来日後に日本の職場で働き始めてからわかったのは、みんなが私に「あなたは女の子、だからこれをやってもらわないといけません」とか「それやっちゃダメ。あなた女子でしょう」ということだった。私はお茶を出すように言われた。そこで、これは交代でやる雑用なのかどうかと聞くと、それは女性の仕事なのだと知らされた。「これが日本です」と皆が言った。

教育委員会の事務所では、男性の上司が私を暗くて狭いキッチンに引っ張って行って、私に無理やりヤカンを押しつける、という事件があったのを記憶している。そのとき、私の目からは、ヤカンから流れる熱いお湯と同じくらい、私の怒りの涙が流れ出たのだった。最初に覚えた日本語の言葉は、「ダメ！」だった。

私は兄たちと分け隔てなく育てられ、彼らと同じ機会を与えられ、そしてよく学び、よく遊び、自分の夢を実現するように期待されていた。だから何かにつけ、不可能だとか、してはいけないと言われると、必ずやろうとした。私はいつもそうだった。いわゆる「塗りたてのペンキに触ってみないと気がすまない」症候群である。自分の年齢に不相応の大人向けの本を読み、そして戦うべき理由があれば、必ず戦いを挑んだ。だから、日本の伝統的な仏教寺院の一七代目の後継者とは結婚すべきでない／できないと皆が言うものだから、私は結婚したのだ。

私は、これまでの私の人生でいつもそうしてきたのと同じような熱意を持って、私の結婚生活とお寺での暮らしに取り組んだ。私の義理の父母は、一年以上も、私と自分の息子との関係に反対した。けれど私はまだ二五歳だったから、彼らの理想である従順なお寺の奥さんの型にはめるのにはもってこいの素材だと、彼らは素朴にも期待するようになったらしい。

二人が型にはめようと期待した分野の一つは、私の服装であった。私の義理の父母は、私の服装をまったく気に入っていなかった。夫の姉妹たちからは、たくさんのエプロンをもらったのだが、一度も身につけることはなかった。義母は、私がドイツ製の皮のスリッポン・シューズを履いているのが気に入らなかった。彼女は、それはあまりにも男性的すぎると言うのだ。そして、代わりとしてビニール製のヒールの高い花柄の模様がついたスリッパを、こっちのほうが女性らしいからと、私にくれたのだ。これも一度も履くことはなかった。

　義父は、お寺にお客様が来られるときには、ネイビーブルーで麻の膝丈のショートパンツをはき替えるように言った。だから、私はとんでもなく派手なケバケバしい柄のハーレム・パンツにはき替えた。それ以来、彼は私に服を着替えなさいとは決して言わなくなった。

　理想的に従順なお寺の妻とは、どういうものなのだろうか？　これについて私は最近、夫と話し合った。私は、どんな逆境にぶつかっても笑顔を絶やさずお給仕できる「スナック」のママさんこそ、この仕事にぴったりの訓練ができてオススメだと思う。つまり、自分の本当の感情を隠して、人々の身の上話に耳を傾け、そして食事と飲み物を絶え間なく提供できる人である。

　私が暮らしている田舎では、日本茶は女性に出してもらったほうが美味しいという話を、よく聞かされる。だから夫が読経をしているときには、義母または私がお客様にお茶を出すことになっている。夫が読経だけでなくお茶も出さないといけないというのは、ひどいことであると思われている。

　けれど、これは矛盾しているのだ。なぜなら私が一人でお寺にいるときに、私がお給仕さんとしての女性の役割だけでなく、普通は男性僧侶がする役割を一緒にこなしても、だれも驚いて目をパチパチさせる人はいない。この点でもっと不可解なのは、私の夫は茶道の師範であるということだ。お茶会の女性たちの話によれば、彼が点《た》てる抹茶は、まったく神々しいほど美味しいらしい。なぜかと言うと、男が点てたお茶だからである。

三　日本での暮らし――「透明」な女性僧侶

私のお寺では、女性僧侶はそれほど珍しい存在ではない。私の夫の祖母は正式な僧籍を持っており、夫の両親が地域の高校で教員をしている三〇年の間、最も大事な時間を使って、お寺の法務の大半をこなした。お寺の門信徒の間でも、たいへん人気があったと言う。私の義母もまた、夫が存命中にはほとんど法務はしなかったが、五〇代で僧籍を取得した。いまこれを考えると、彼女もかなりのやり手であったと思われる。

女性がもし自分の能力を示しても、仕事が二倍になりこそすれ、その貢献はほとんど認められない。それが私の発見だ。もし義母が、さまざまなお寺の切り盛りの仕事に加えて、法務をこなしたら、私の義父は、自分の仕事が楽になったと思っただろう。そして、今では彼は亡くなり、義母は現在九二歳で、夫も私も所用で手が離せないときには、彼女が法事もかわりにやってくれるのである。私たち夫婦は彼女にとても感謝している。

けれど、私たちのお寺の檀信徒が女性僧侶に慣れ親しんでいるにもかかわらず、私の夫はそれでも、彼の代わりに女性の私を送り出すとき、檀信徒の家に、ご不便をおかけしますという断わりの電話を必ず入れるのだ。私はこの町で、すでにほぼ二〇年の間、「僧侶」として活動してきたのだから、断わりを入れるのはまったく必要ないと強く感じる。実際のところ、一部の檀信徒のなかには、夫よりも私のほうに親しみを感じている方もいると思われる。

そういう人たちは、私に気兼ねなく仏教についての質問をしてくれる。なぜなら、外国人女性として僧侶になったほどだから、私となら、きっと仏教の教えについて真剣に向かい合えると考えているのだろう。お寺のメンバーのうちで活動的な人の大多数は、女性である。私は、彼女らとともに暮らし、ともに働く同じジェンダーの仲間であるから、彼女らの個々の状況に合わせて、私のほうがよりよい共感と理解が得られると考えるのは、理にかなっている。

この地域の僧侶の妻たちは、得度を受けている人が多い。また私に加えてもう一人は、教師の資格も持っている。私が得度を受けたとき、檀信徒からも他のお寺の家族の人たちからも、大きな励ましを受けた。しかし、私が教師資格を受けに行ったときには、まったく異なる態度をとられた。私が僧侶としてさらに上の資格を取得することに対し、人々は不安と疑いの気持ちを持ったようである。

地域の僧侶のなかには、本山が、私にだけ何か特別の「バカな外国人のための」試験をして、簡単に資格が取れるようにしたのだと言う人たちもいた。もちろん、そんなことはありえない。それに続く地域のお寺の集会では、私が無事に教師になったという成果の報告も、成功への褒め言葉も何もなかった。それに対して、地域の他の男性僧侶が教師になったときには、大事な忘年会の際に、特別の発表が行われるのだ。

実際のところ、宮崎県では女性僧侶はほとんど「見えない存在」である。私たちの多くがお寺のために、檀信徒の家を回り、法務を行い、一生懸命働いているにもかかわらず、私たちは僧侶向けの講習会などにはあまり招待されないし、参加することも滅多にない。お寺同士の集まりでも、私たちが僧侶の法衣を着ることはない。講習会で男性僧侶は布袍と輪袈裟で参加するが、女性僧侶は、たいていは坊守輪袈裟をつけるだけである。

宮崎の別院で開かれたお寺の女性たちの集会で、私は彼女らに、どうしてお寺の行事で布袍と輪袈裟を着用しなかったのかを尋ねたことがある。そのうちの一人は、自分は「ペーパードライバー」みたいに感じると答えた。運転免許を持っているにもかかわらず、運転しない、できない、またはあえて運転しない人間を指して言う言葉だ。宮崎の地域の、いくつかのお寺の女性たちのなかには、葬儀を含め日々の法務の大部分を担当している人もいる。しかし彼女たちは、男性僧侶に対して、取るに足らない、劣った存在であるかのように振る舞わないといけないと感じている。それゆえ、自分たちは僧侶の法衣を着用するに値しないかのように感じているようだ。

九州全体の仏教会の集まりに参加したとき、他の県の女性僧侶たちが布袍と輪袈裟を着用しているのを見るにつけ、宮崎にはジェンダーの差異を強制する無言のルールが存在することに苛立ちを感じる。ところが、地域や県のレベルの集会で布袍と輪袈裟を着用したならば、私は自分を何か見せびらかしていると思われるのではと、恐れてしまうのだ。またこの状況が皮肉的なのは、現在の門主の妻が、私たちの県の出身であり、彼女自身は全国レベルのイベントでは必ず法衣を着用して出席しているからである。

最近、私はお寺から車で一時間ほど離れた海岸沿いの町で、葬儀を執り行った。そこで注目すべき二つの出来事が起こった。一つは私に希望と承認を与え、もう一つは国際化とジェンダーの問題について失望させられるものであった。

私と故人を乗せた霊柩車が火葬場に到着したとき、そこの職員たちは、現れたのが女性僧侶であるだけでなく、外国人であることにもショックを隠せなかった。火葬場の一人の若い男性職員は、私を見てどうしていいかわからず、思わず笑いが止まらなくなってしまったようだった。お棺を焼却炉に導きながら、彼の体はこみ上げる笑いをこらえるために震えが止まらなかった。彼の顔は笑いの涙で溢れ、顔は真っ赤になっていったのだ。それは私にとってもご遺族にとっても、あきれるほどに酷く、恥ずかしいことであった。のちほど私は、そこで女性僧侶が葬儀を執行したのは初めてであり、しかもその女性が外国人であったからだという話を聞かされた。彼らは皆、とんでもなく驚いたのだ。

火葬場とは対照的に、葬祭場の職員たちは、私が読経するのに感銘を受けたそうである。私がそこの職員のうち少なくとも何人かにはよい印象を与えたと聞き、勇気づけられた。とはいえ、その特定の町では、お寺の檀信徒や寺院関係者の間に、女性僧侶には葬儀を執行させないという不文律があることを学んだのであった。

四　世代間の隔たり

私は女性僧侶と、お寺の女性一般を取り巻く状況は、それぞれのお寺によって、また町ごとに異なると気づいた。私自身の状況もユニークなものであり、またそれに加えて私のジェンダーと民族的背景が、個々の出会いをさらに複雑なものにしている。そういった状況をよりよく理解するため、地域の五人のお寺の妻を招き、ジェンダーやお寺に関する私的な議論をする機会を持った。これは、彼女たちにとっても日頃たまった鬱憤を吐き出す機会になった。また、お昼ご飯を食べながらそれぞれの体験を語り、お互いに知り合える機会にもなった。私の調査の対象は比較的「若い」妻たちに限定されていた。彼女たちの年齢は、三三歳から五四歳であり、いずれも熱心で、オープンで、積極的であった。

私はお寺の妻のコミュニティーにも、世代間の隔たりがあるのを発見していた。実際、変化や新しい考え方に神経質になっている、比較的高齢のお寺の妻たちからは、かなりの敵対心を抱かれているようだ。年長の妻たちからは、支持や激励の代わりに、一種の嫉妬心から発生しているかのような、一定の度合いの反対があるとわかった。みんなで楽しい時間を過ごしたり、自ら楽しんで行動したりするのは、きっと何か良からぬことをやっているのだろうと思われるのだ。たとえば、他のお寺の若い妻と私が、仏教婦人会の会議に前の晩から参加しようと提案したときには、年配の妻たちが、主人に料理と子どもの世話を任せて出かけるなんて考えられず、とんでもない、と言うのである。

彼女たちは明らかに、自分が最優先すべきことは自分の夫であると考えている。私たちは、前の晩から出かければ、良い体調で翌日の講義に集中して臨める、と頑張って説明しなければならなかった。それから何年も経ち、今や私たちが年配になったので、仏教婦人としての学びを深めるご褒美として、前の晩からホテルに宿泊し、飲み会を楽しむという方針を採用している。

一方、若い妻たちとの会話が進むにしたがって、彼女たちのなかには、私が問題だと考えることを、全然問題だと思わない人もいることに気づいた。彼女らにとっては、それは当たり前のことであり、宮崎に住む寺院の妻にとっては自然な状況なのだ。たとえば、京都の本山で裏方様（前門主の妻）を囲んで開かれた、寺院の女性についての公開討論会での、私の体験を共有することにした。参加者は、裏方様を中心に二重の輪を作って座っていた。そして、聴衆からの質問を受け付けることになった。しかし、誰も手を上げようとしなかった。私はというと、二〇〇人の日本人グループのなかで、唯一の金髪女性として、席に縮こまって座り、できうる限り目立たないように身を隠していた。

すると突然、司会者が「吉村さん、きっとあなたは何か聞きたいことがあるでしょう！」と言ったのだ。私は突然の事態に驚き、何か言おうとして頭をひねった。すると、長年にわたり私を悩ませてきた、あることを思い出したのだ。それは、仏教婦人会の綱領である。私はこれが大嫌いなのだ。そこには、善き仏教婦人の目的は、善い仏の子どもを育成することである、という考え方が振りまかれている。では、子どものいない女性はどうなのか、また結婚していない女性はどうすればいいのだろうか？　母親として、または結婚していない彼女らは、仏教徒として劣っていると言うのだろうか？　どうして、子どもや家族の育成に焦点を当てた、男性版の綱領がないのだろうか？　だから、私はそれについて質問したのだった。

そのとき、参加者たちがはっと息を飲みこむのが聞こえた。しかし、裏方様は優しく私の質問を受け止め、私の意見に同意され、そして、すでに新しい綱領を作成中であると告げられたのだ。二〇一八年二月六日に、綱領は正式に変更された（※訳注：綱領改正とその経緯については、本書第二部第三章の池田の論考を参照）。本山は、女性を、男性との関係ならびに彼女らの母親としての役割で定義づけてはいけないことを、認めたのである。女性の仏教の教えとの関係は、それぞれに固有のあり方を持っているのだ。

五　僧侶としてジェンダーの分水嶺で踏ん張ること

日本の地方寺院の生命線は、女性である。僧侶の妻と女性のメンバーが、お寺の掃除をし、食事を用意し、組織づくりをする。彼女らは、お寺の行事の役割を担当し、参拝者の過半数を占め、そして、すべての後片付けをするのだ。これらすべての大変な働きにもかかわらず、あるいは、もしかするとそのせいかもしれないが、彼女らは男性よりも長生きである。しかし、なぜ、お寺の長老の役職者に女性を見たことがないのだろうか？　また、浄土真宗のお寺には性別分けのルールは存在しないにもかかわらず、お寺にお参りする人たちは、どうしていつのまにか男女別のグループに分かれていくのだろうか？

私は自分のお寺や、寺族のイベントにおいて、女性が劣った二級市民のような扱いをされるのを見ている。たとえば、僧侶と坊守がともに集会を開催する際、妻たちは男性の僧侶が上の座に座る栄誉を確実にするため、自分たちはわざと座りにくい場所を選んで座席を確保する。また、女性たちが体を無理に歪ませて、十分に謙虚であろうとするのを見ている。

とにかく混乱して仕方がないのは、私が、女性僧侶として、檀信徒の法事に出席するときである。私は、僧侶としての地位によっては、年配の男性たちと同じ上座に座らされる。だが、ジェンダー上の立場からは、いつもの条件どおりの別の場所に座らされるのだ。

女性は食事のときには、食卓の一番下手の畳の敷居の向こう側に座らされる。食事が終わって、私が残り物を自分で容器に詰めようとすると、やっていただかなくて結構です、女の人がやってくれますから、と言われるのだ。私が僧侶であるという事実は、私のジェンダーを中和させるのだろうか？

また別のときには、お寺の大事な建物に関する計画を相談するにあたって、私は婦人会の主要なメンバーも準備委員会に含むよう提言した。お寺の長老メンバーの総代の方は、大笑いして、「女性が委員会にいたのでは、仕事は何にも進みませんから」と言った。その結果、私は、どうやら天井に近いところにコンセントを配置するのが良いアイデアだと考えるような、男性たちが考えた最も使いにくいお寺の台所のデザインで、我慢しなければならない状況である。

私は、日本にやってきた最初の日から、「女だから」という言葉を聞かされ続けている。女子はピンクの服を着る、女子はこういう座り方をする、女子は笑顔でクスクスと笑う、そして女子は自分の意見を出してはいけないのだ。その上、私は外国人であるから、それ以前に軽んじられ、疎外されている。でも私が僧侶になったときには、私は男性僧侶と同じように扱われるのを望んだ。

教師の教修が終わると、私たちは本山の重要な人々を紹介された。そこで私はそのなかの一人の男性僧侶が、現在、もう少しかわいらしく、女の子っぽく、そして魅力的な「女性用の法衣」を研究していると言ったのを覚えている。私はゾッとして震え上がった。たしかに白衣《びゃくえ》については、異なる体型に合わせた仕立て方を検討する必要はあるかと思う。だが、それ以外に、「彼」と「彼女」で異なる法衣をつくるというのは、僧籍を持つ女性を目に見えるかたちで低く扱う、もう一つの方法であると考える。

とはいえ、私が忙しい法事と、生まれたての赤ん坊を母乳で育てていることのバランスをとろうと苦戦していたときには、赤ん坊に授乳するために、法務の合い間に素っ裸にならないといけなかった。だから、僧侶が赤ちゃんを母乳で育てるために便利な法衣には、もしかするとニッチな市場が存在するかもしれない、と考えた。

また、袴をつけて用をたす必要があるとき、それは女性にとって、男性よりもずっと不便である。男性は袴から片足を出すだけで用が足せるかもしれないが、女性の体はそういう風にはできていないのだ。この問題を解決するために、私は袴の長い紐を切り取って、代わりに幅の広いベルクロのファスナーテープをつけて、簡単に袴を着脱できるが、僧侶の服装としては身だしなみに問題がないような工夫をしている。

念珠を選ぶときには、私はジェンダーによる選び方の制約を設けない。私にとって、男性持ちの念珠や女性持ちの念珠というのは、無意味なラベルである。私は私の好きなものを選ぶのであり、それが、たまたま男性用の念珠だったりする。

六　過渡期を生きる——ハラスメントと辱めから学ぶこと

それでも、私は歳を重ねてきたせいか、少しずつ敬意を払ってもらえるようになってきている。けれど、私のお寺の主要メンバーのなかには、まだまだお寺のなかでの外国人女性との交流に困難さを感じる人もいるのだ。昨年、私たちの息子が僧籍を取った祝賀のイベントを開催したとき、私はとても丁寧な言葉で、男性の長老の方に、ある道具を特定の場所に置いてもらえるよう、お願いした。ところが驚いたことに、イベントを手伝ってもらっている皆の前で、一人の男性が大声で私を怒鳴りつけ、辱めたのである。私は（夫がたまたまそのときに葬儀があり、その場にいなかったので）、夫から伝えるように指示されたことを伝えようとしただけだったのだが。

そこで私は、私のジェンダーにより相応しいとされる、お花立てなどのほうに集中した。それを見かねた私の息子は、私のことを心配して、自分に何かできないかと尋ねてくれた。私は彼に事情を話した。彼がお寺の長老たちに、この道具はそこに置くべきなのだと伝えると、奇跡が起こったかのように、仕事が片付いたのであった。

私の二三年間の結婚生活と、お寺の坊守としての生活のなかで、お寺の檀信徒の男性の、何人かの長老のメンバーから、私は繰り返し存在を認められなかったり、軽んじられたりしてきた。だから、私はそのような攻撃から逃れようとしてきた。

お寺での私の待遇は、私が歳をとっていくに従って変化し始めている。日本ではより年上の人は、伝統的により尊重されるのであり、私が中年に近づくにつれて、人々は私のジェンダーや民族性を受け入れるようになっているようだ。

これは、私がのちに夫となる人と付き合っていた頃のことである。若い男性僧侶と女性僧侶が参加する青年僧侶の夏合宿に二人で参加したとき、私たちが「カップル」であるとは誰も知らなかった。夜がふけてくると、次第に私にとっては迷惑な注目を集めるようになってきて、そして一人の僧侶に胸をギュッと摑まれたのだ。私が泣きながら部屋に逃げ帰ったところ、もう一人の僧侶が私に話しかけてきた。それで、どうしてあの男性は不適切な方法で私に触ってよいと思ったのか知りたい、と聞いてみた。すると彼は、君が川で楽しんで泳いでいるところをみんなに見られていたけど、みんな単純に、若い外国人の女の子は自由で簡単って思い込んでいるみたいだ、と私に言ったのだ。

その二年後、私自身の結婚披露宴で起きたことである。みんなが腕を伸ばしてつくった長いアーチの歩道を、ウェディングドレスを着た私と夫が進んでいるとき、男性ゲストのうちの数名から、表面的には私たちを「祝福」するため「背中」を叩いているふりをして、私のお尻を触られたり、胸をつかんだりされることもあった。

結婚式の後も、私は酔っ払ったお寺の男性ゲストたちから、ひどい痴漢行為を受けたのである。私が夫に苦情を言うと、彼は、あの人たちは私たちのお寺のメンバーだから、彼にはどうすることもできないし、非難もできないと言った。

これに対し、私が僧侶の法衣を身につけているときにセクハラを受けることは、決してない。僧侶になったことで、私はお寺の檀信徒たちに近づけるようになり、また、それはセクハラから私を守る防護柵にもなっているのだ。

結論

結論として、ここ日本の地方寺院では、私のジェンダーと私が外国人であることは、平等性にとってのハードルであると気づくようになった。私の義母が、毎日のお寺の運営から引退してから、檀信徒たちは、しぶしぶではあるが、私のところに情報と指示を仰ぎに来ざるをえなくなった。しかし何人かの人たちにとっては、それは決して心地良くはないようだ。私の息子は、現在、僧侶の資格を得て、二〇一九年の四月からお寺で私たちとともに法務をつとめる。私は、彼がお寺の生活を受け入れ、浄土真宗の教えを信じて生きていく決意をしてくれたのを、たいへん嬉しく思う。また私たちの生活は新たな段階に入り、それはこれまで出会ったことのない経験をもたらすだろう。ただし、必ずしもそのすべてが肯定的なものであるとは限らないのであるが。

私の息子は二〇一九年四月に結婚し、お寺に彼の妻をつれてくる予定になっている。そうすると、私たちのチームのメンバーが増えるわけだ。私は次の世代には、私たちのお寺が、ジェンダー、人種、年齢にかかわらず、すべての人々が支援を受け尊敬される場所になるよう、ともにその道を探っていきたい。そんな希望を持っている。

私は、日本では歳をとるに従い尊敬されるようになる経験を、ようやく楽しめるようになってきた。将来的には、私は、九州の田舎にもいくらかの変化をもたらせるのではないか、と考えている。私は、他のお寺の女性や檀信徒と、ジェンダーについての研修会をもっと開催できるのを望んでいる。ジェンダーや人種に基づく差別への挑戦を、私の家族や檀信徒とともに受け止めることで、私たちが皆、悟りの世界へと導かれるのを願っている。

第三章　真宗教団における「性」をめぐる諸問題

池田行信

一　「仏教婦人会綱領」の改定

二〇一八（平成三〇）年二月六日、浄土真宗本願寺派仏教婦人会総連盟は同評議会において、新しい「仏教婦人会綱領」を決定しました。

［新綱領］は次のとおりです。

私たちは　親鸞聖人のみ教えに導かれて
すべての人びとの幸せを願われる　阿弥陀如来のお心をいただき
自他ともに　心豊かに生きることのできる社会をめざし
ともに歩みを進めます

一、お聴聞を大切にいたします
一、「南無阿弥陀仏」の輪をひろめます
一、み仏の願いにかなう生き方をめざします

ちなみに［旧綱領］は、次のとおりです。

私たち仏教婦人は　真実を求めて生きぬかれた親鸞聖人のみあとをしたい
人間に生まれた尊さにめざめ　深く如来の本願を聞きひらき
み法の母として念仏生活にいそしみます
一、ひたすら聞法につとめ　慈光に照らされた日々をおくります
一、念仏にかおる家庭をきずき　仏の子どもを育てます
一、「世界はみな同朋《きょうだい》」の教えにしたがい　み法の友の輪をひろげます

なぜ、「仏教婦人会綱領」は改定されたのでしょう。「改定に至った経緯」について、次のように説明しています。

いままでの綱領を読みあげますと、「仏教婦人会」は、「既婚女性（家庭婦人）」を対象とした団体と受け止められる可能性がありました。仏教婦人会の組織拡充や、次世代の育成を考えたとき、現代の社会に馴染みにくくなってきたため、二〇一六（平成二八）年九月二三日付「仏教婦人会綱領検討委員会」を組織し、「生き方の多様性を妨げず、誰にでも受け入れられる綱領」という点を重視して、協議・調査を重ねてきました。結果、第二五代専如門主伝灯奉告法要、並びに恵信尼公七百五十回忌法要をひとつの機縁とし、この度改定することとなりました。

（仏教婦人会総連盟作成リーフレット『仏教婦人会綱領の願い』二〇一八年四月）

「改定に至った経緯」から、「旧綱領」では「仏教婦人会」が「既婚女性（家庭婦人）」の団体と受け止められ、「組織拡充」「次世代の育成」を考えたとき、「現代の社会に馴染みにくくなってきた」という思いを読みとることができます。したがって、「生き方の多様性を妨げず、誰にでも受け入れられる綱領」という点を重視して、「旧綱領」の、「仏教婦人」「み法の母」「念仏にかおる家庭」「仏の子どもを育てます」などの文言が消えたものと思います。

二　男性によって価値判断された〈阿弥陀様の教え〉

浄土真宗本願寺派東京教区では、かつて一九九三（平成五）年一〇月より二〇〇〇（平成一二）年一〇月まで、坊守《ぼうもり》・寺族女性を対象とした「全坊守・寺族女性研修会」を八回開催しました。同研修会の討議資料として作成された冊子に、次のような一文があります。


お寺に生まれた女、私って何?

「まずは男の子が生まれてホッとしました。」

「これで〇〇寺の跡継ぎができて、一安心ですね。」

とか、

「女の子もかわいいけれど、やっぱり男の子を、ネッ。」

「男の子ができるまで、頑張ってもらわなくては。」

とか…、

お寺で赤ちゃんが生まれると、よくこんな会話が聞かれます。ご門徒さんからも、男子の誕生が期待されます。お寺の跡継ぎは、当たり前のように〈男〉と思われています。
では、お寺に生まれた女の子はどうなるのでしょう？
女の子だって、僧侶にも、住職にもなれるのです。

（東京教区基幹運動推進委員会・寺族女性専門委員会編集『坊守・寺族女性〈研修シリーズ・1〉目覚め・自覚・自立』一九九七年一〇月）

三〇年以上昔のことになりますが、私は浄土真宗の女性観や結婚観について書かれた法話や書籍を読んで、大変驚いたことがあります。

その多くが、「結婚するのは人の道、倫理道徳である」「結婚をして子どもを産み育てる苦労をしてみて、はじめて念仏の深い教え、味わいがわかる」、という趣旨の内容でした。このような〈結婚〉と〈子育て〉を前提とした浄土真宗理解・念仏理解からすると、結婚しない大人、子育て経験のない夫婦は、「念仏の深い教え、味わい」から排除されかねません。

しかし、世間には、「結婚をし、子どもを産み育てることによって一人前の大人になる」「結婚をしない大人、子どもをもたない夫婦は本当の大人ではない」といった〈変な常識〉があることも事実でしょう。この〈変な常識〉は、〈男性による価値判断〉であり、男性中心主義とも言うべき〈変な常識〉です。

こうした〈変な常識〉を問題視することができない浄土真宗理解・念仏理解では、たとえ「深い教え、味わい」であっても、未婚女性や不妊女性の「生き方の多様性」を妨げるだけでなく、「自他共に心豊かに生きることのできる社会」（『浄土真宗本願寺派宗制』前文）を目指すことをも妨げてしまいます。

三　坊守は呼称・資格・役職

一九四五（昭和二〇）年八月一五日の敗戦を経て、浄土真宗本願寺派では『浄土真宗本願寺派宗制』『浄土真宗本願寺派宗法』『宗教法人「浄土真宗本願寺派」宗規』などの宗派の基本法規改定がなされました。一九四六（昭和二一）年七月二五日の『本願寺新報』に、基本法規改定のための第百回臨時宗会に上程予定の『宗制』『宗法』の「草案」が掲載されました。

同『本願寺新報』は花田法制部長談として、「坊守職の新設（僧侶の中で実際につい《ママ》て男女の差別を設けないこと）」と報じ、一〇三条からなる『宗法』案の第五章を「僧侶、坊守職及び門徒」と表示し、同第二一条、同第二三条を、次のように条文化しました。

第二十二条　住職の妻で、得度式又は坊守帰敬式を受け、宗政庁の坊守職台帳に登録されたものを坊守職といふ。

第二十三条　坊守職は、住職を補佐して教化の任に当たらなければならない。

そして、第百回臨時宗会（昭和二一年九月三〜五日）における上程議案の提案理由説明において、朝倉執行長は次のように述べました。

坊守と云うものを表面に出しまして、此《こ》の宗法の上に其《そ》の責任と言ひますか、其の活動範囲と言ひますか、之《これ》を表に出して来る。是には最初には坊守に選挙権迄もたそうと考へて居《お》つたのでありますが、何《いず》れ遠からぬ将来に於てさう云ふことが実現し得ると見まして、只今のところはそこ迄考へぬことに致しました。（原文は片仮名表記）

（『（臨時）第百回（昭和二十一年度）宗会議事速記録　貳冊之内壱号』より）

「坊守」に、宗会議員の「選挙権」を持たせることまで考えたと言及した朝倉執行長の提案理由説明に対して、議員から、「是《これ》は時代に応じて、所謂《いわゆる》男女同権とか何とか云ふやうな、そう云ふやうな事由から考へられたのであるとしますならば、何もこゝ迄無理に男女同権を表はさなければならぬと云ふ筈はないのである」と質問があり、それに対して、朝倉執行長は次のように答弁しました。

坊守は何も男女同権なんと云ふことを考へてやつたのでない。是は従来坊守と普通呼んで居ります、法規の上に表はれて居らない、坊守《(ママ)》は、皆お互ひに坊守をもつて居る。ところが坊守の任務が果たして門徒教化にどれ位の役割をもつて来て居るか、是は私夙《つと》にそれを遺憾に思うた点であります。是は私のところだけかも分りませぬが、まあ広く考へましてさう云ふ遺憾な点がある。斯《こ》う云ふ際に、例へば直接婦人会なら、婦人の指導、日曜学校の指導、斯う云ふことだけを考へましても、大切な任務が坊守にある。之を唯《ただ》お寺の奥さんだと云ふだけの、従来のやうな無自覚といふと誤解がありますが、無自覚的に嫁さんでやつて居つて、そうして門徒から、門徒の接渉と言ひますか、そう云ふことにのみ勤めて居るのでは住職を助けるとは言へない、やはり教化の方に一役を自覚してもたせなければいけない、斯う考へて、是は教化全体について責任があると云ふことを自覚せしめて、直接には日曜学校でも婦人会でも青年会でも、其の他色々寺院の機能を発揮して行くのでありますから、さう云ふことを考へまして、此の坊守と云ふものを新たに入れたのであります。

（同右）

しかし、第百回臨時宗会で議決された条文は、次のとおりです。

第五章　僧侶、坊守及び門徒

第二十二条　住職の妻で、坊守台帳に登録されたものを、坊守という。

第二十三条　坊守は、住職を補佐して、教化の任に当たらなければならない。

朝倉執行長は、「坊守」は「お寺の奥さん」「嫁さん」だから「坊守」というような「無自覚」な「役」ではなく、「教化全体について責任がある」という「自覚」が必要であり、そのために「坊守」を設けたといいます。

単に「お寺の奥さん」「嫁さん」だから「坊守」と言うのであるなら、「坊守」は「呼称」で充分でしょう。「住職の妻で、坊守台帳に登録されたものを、坊守という」と言うのであれば、「坊守」は「資格」とも言えましょう。しかし、「住職を助け」「教化全体について責任」を持ち、「寺院の機能を発揮して行く」となると、「役職」としての「坊守」、すなわち「坊守職」が要請されましょう。

四　「パートナーシップ仏前奉告式」

かつて葬儀のとき、男性と女性とで使用する和讃が違っていました。女性の場合は「変《へん》成男子《じょうなんし》の願をたて　女人成仏ちかひたり」（『浄土和讃』「大経讃」）の和讃を使用していましたが、一九八六（昭和六一）年二月の「葬儀の規範」と「葬儀の勤式集」の改定以降、男女ともに、「本願力にあひぬれば　むなしくすぐるひとぞなき」（『高僧和讃』「天親讃」）の和讃に統一されました。また、本願寺（西本願寺）では女性の法名に「尼」をつけないことになりました。この葬場勤行和讃や法名の「尼」の取り扱いの変更は、「男性」と「女性」という二つの「性」をめぐっての問題でした。

浄土真宗本願寺派の機関誌『宗報』（二〇一六年九月号）に、「性的少数者の「儀礼としての結婚式」に関して」という一文が掲載されています。掲載にいたった経過を、次のように説明しています。

近年、性的少数者（いわゆるＬＧＢＴ等）についての課題が顕在化してきた。そのような中、築地本願寺に同性同士の結婚式の申し込みがあり、「パートナーシップ仏前奉告式」という名称にて執り行うことについての問い合わせが寄せられ、総局および企画諮問会議において検討がなされた。その過程で浄土真宗本願寺派総合研究所においても、問い合わせ内容に関して検討するために、外部有識者も交えた検討グループを組織し、とくに性的少数者の「儀礼としての結婚式」に関して検討を進めてきた。

そして、さらに次のように述べています。

WHO（世界保健機関）が一九九〇年に、それまで性的少数者（同性愛）を治療の対象として分類していたが、性的少数者の性的自認や性指向を疾病分類名から完全に削除し、ついで一九九三年に、性的少数者はいかなる意味でも治療の対象ではないとしたこと。また、国連人権理事会は二〇一一年に、"Born Free and Equal—Sexual Orientation and Gender Identity in Human Rights Law—"、つまり「生まれながらの自由と平等—人権における性的指向と性自認—」を決議採決している。これらの国際的な潮流からも明らかなように、性的少数者の存在と性指向は、「病的」でもなく、「異常」でもなく、そうではなく「性の在り方は多様である」というのが、国際的な認識となっている。

「男性」と「女性」という二つの性に限らない、「性的少数者の存在と性指向」は、「病的」でもなく、「異常」でもなく、「性の在り方」の多様性と認識することになると、『日本国憲法』第二四条の「婚姻は、両性の合意のみに基いて成立」するとされる「両性」も、いわゆる「男性」と「女性」であるとは限らず、「両性の合意」の見なおしが課題となりましょう。

なお、ハワイ本派本願寺教団は二〇一〇年二月、同性カップルの権利を支持する決議を採択しています（「平等に関する上院法案1を支持する声明」参照）。

注

欧米では性的少数者を「LGBT」と呼称しています。Lとはレズビアン（女性同性愛者）、Gとはゲイ（男性同性愛者）、Bとはバイセクシュアル（男女両性に惹かれる者）、Tとはトランスジェンダー（身体の性と心の性が一致しない者）を意味します（丘山願海「性的少数者の「儀礼としての結婚式」に関して」参照）。

参考文献

池田行信「我母是賊――フェミニズムと真宗」「年表――戦後浄土真宗本願寺派の「女性問題関係」を中心として」（池田行信『現代真宗教団論』二〇一二年九月二〇日、所収）

岩本智依「念仏者として性と生を考える――セクシャル・マイノリティと浄土真宗」（浄土真宗本願寺派編集発行『宗報』二〇一六年九月号所収）
丘山願海「性的少数者の「儀礼としての結婚式」に関して」（浄土真宗本願寺派編集発行『宗報』二〇一六年九月号所収）
東京教区基幹運動推進委員会・寺族女性専門委員会編集『坊守・寺族女性〈研修シリーズ・1〉目覚め・自覚・自立』（一九九七年一〇月）
仏教婦人会総連盟作成リーフレット『仏教婦人会綱領の願い』（二〇一八年四月）
ハワイ本派本願寺教団「平等に関する上院法案1を支持する声明」（慈願寺ブログ［https://jiganji.exblog.jp/］、「つれづれ記」二〇一八年六月二一日）及び「アメリカ浄土真宗に学ぶ――第2回・同性婚をめぐって」（『宗報』二〇一六年八月号）

特別収録

仏教人類学とジェンダー
――女性僧侶の体験から――

マーク・ロウ

この論文では、寺院継承（世襲）、救済論、僧侶としてのアイデンティティの三つの問題について、三名の女性僧侶の体験を通して検討する。筆者の意図は、彼女たちの体験を、男性優位の家父長制度への抵抗もしくは従属、といった二種類の相反するカテゴリーのいずれかに、単純に位置づけるのを避けることにある。それにより、彼女たちが自身の主体性（エージェンシー）について、自らの言葉を通して実際に語ることに耳を傾けたい。三名の女性僧侶のうち二名は寺院の住職を務め、残りの一名は寺院の副住職を務める。彼女たちのなかには、寺族出身者もいれば、在家の出身者もいる。都市部の寺院に所属する者も、田舎の寺院に所属する者もおり、それぞれが日本国内の異なる地域を、ある程度は代表する。また彼女たちは、いずれも異なる道をたどって、現在の立場に身を置くようになった。一名は結婚を通して入寺し、残りの二名は家族の不慮の死をきっかけとして、である。本論文では、これら三名の女性僧侶の声に耳を傾け、女性たちが僧侶としての道を、どのようにたどってきたのかを考える。特に、なぜ彼女たちが僧侶になるのを「選択」し、僧侶としていかなる訓練を受け、そして彼女らに対する制度的・教学的・社会的な期待に対して、自分自身をどう位置づけているのかに焦点を当てて考察する。またこの論文は、非西洋世界でのジェンダー研究に見られる、行為主体性への政治的・規範的アプローチを持つ研究者や活動家たちの間で続く問題関心にも応じる。とはいえ本論文では、個々の女性僧侶が抵抗を示した事柄について評価を下すのを、できるだけ控える。むしろ、女性僧侶たちの経験を通して、現代の寺院仏教のあり方の見直しが可能になるかを検討する。

【キーワード】女性僧侶、ジェンダー、小僧《しょうそう》、衰退論、寺院継承、世襲、日蓮宗、真宗、浄土宗、寺院仏教

この研究で論じる寺院継承（世襲）、救済論、僧侶としてのアイデンティティの三つの問題は、現在、より規模の大きなプロジェクトとして私が進めている、名の知られていな

い僧侶の伝記を集める「小僧伝《しょうそうでん》」(1)収集プロジェクトの、ほんの一部である。今日までの仏教研究に一般的な、伝統の模範となるよく知られた事例に焦点を合わせる傾向に対して、私の研究では、男女を問わず「普通の」僧侶たちが語る実話に光をあてることに関心がある。私が論じたいのは、彼らの生活が実に並外れており重要で、そこから寺院仏教がどのように営まれているのかを学べる、という点だ。女性僧侶への注目によって、彼女らの経験が、広く仏教の制度的な文脈を明示し、また、そうした文脈から分離できないことを論じよう。これは明白なように見えるが、そこにはさらに重要な意味が含まれる。つまり、女性僧侶たちが経験する寺院仏教は、男性僧侶のそれとは区別されつつ、一方で連続性もあるのだ。したがって、本論では彼女たちの物語を、女性だけの経験として分離して扱うのを避ける。私が最も興味深く思うのは、女性僧侶たちが、男性僧侶も体験する同じ事柄について、男性僧侶とは異なる声と体験の組み合わせで語っているところである。女性僧侶の体験に目を向ける際、単に男性僧侶の体験と異なる知見を得るためだけでなく、彼女らの実際の語り自体が持つ意味に、目を見開いてみよう。そうすれば、仏教の世界のなかに、よく知っている場所であるにもかかわらず、未開拓の領域を発見できるはずである。その領域には、陸上の目印となるものや、海岸線や境界線は存在するけれど、いまだその大部分が地図には描かれていないのだ。

この論文では、「声」をめぐる問題をまた後にも取り上げるが、ここでは、それを本論全体の中心的なメタファーとして位置づけておきたい。女性僧侶たちが、いつも私に話してくれたのは、男性僧侶と一緒に読経する際、彼女らの声の調子が高いことから生じる諸問題である。つまり、寺の檀信徒や同僚の僧侶たちからの、いじめともいうべき強要によって、意識的に声量を抑えたり、聞こえないようにさせられたり、または男性僧侶の音程に合わせられるよう毎日練習させられたり、などといった話だ。たとえオクターブは異なろうと、女性は男性と同じように読経できるよう、大いに努力している。だが、読経というすべての僧侶が直面する問題をめぐる女性の体験は、文字通り、異なる音域で発生するのだ。ここで私は、私が出会った女性僧侶がリストアップしてくれた、広範囲にわたって現に存在する女性僧侶への差別の問題を、無視するのではない。あるいは、彼女らの声を私物化したり、沈黙させたり、変更させようと企てているわけでもない。私の目的は、むしろ、彼女たちの声を、一方ではより広い寺院仏教の制度の一部として、他方では寺院仏教の制度の変化の要因に関し新しい知見を提供するための手段として、ともに位置づけ、文脈化することにある。私は本論文を通して、個々の女性僧侶の体験そのものと、それに影響を及ぼしている宗派的・社会的なより大きな力の、両方についての理解をさらに深めたいと考える。

また本論文の第二の目的は、これらの女性僧侶たちの体験を、社会の流れのなかに位置づけることにある。ジェンダーの問題は、信仰や家族の問題と同様に、寺院の境内の内側のみにとどまるものではない。母、妻、娘、姉妹に向けて働きかけられる各種の期待は、寺院内で独特の色彩を帯びてはいるものの、社会全体の反映でもあるのだ。寺院継承への圧力や、それに対する女性たちの支援は、特定の寺院のコミュニティだけから発生するものではない。それは、日本社会の高齢化、出生率の低下、人口動態の変動、そして現代日本を形づくる、個人や家族の規範についての考え方の変化からも説明できるのである。

理論的背景

過去一二年間、日本仏教の再興を提唱する書籍が何冊も出版されている（藤井 二〇〇四、上田 二〇〇四、NELSON 2013）。上田紀行の『がんばれ仏教！』で取り上げられた六名の僧侶と、ジョン・ネルソンの『Experimental Buddhism（実験的仏教）』が取り上げた四名の僧侶が、どれほど日本仏教の現状を代表しているかの問題はさておく。また、それらの僧侶たちが所属する特定の寺院を取り巻く現実については、見て見ぬふりをしておこう(2)。その上で、これらの書籍には懸念すべき二つの要素が存在する。第一に、いずれの書籍でも女性が取り上げられていない(3)。それでは、女性僧侶は革新的でもなく、また彼女らは全然「がんばれて」いないと信じるべきなのだろうか？　だが、これらの著作が述べる仏教再生の試みに関する記述に、女性が含まれていないこと以上に当惑するのは、仏教研究の支配的な枠組みの中に、日本全国の女性僧侶の活動を見えなくさせている、根本的な前提があることだ。たとえば、島根県の地方寺院の娘であり、住職でもあるX師(4)の努力を例に挙げたい。彼女は、年老いた両親と、過去一〇年間で進んだ過疎化により一二カ寺が消滅した地域の村にある小さな田舎の寺院を支えるため、一年の大部分を、布教師として日本全国を渡り歩く生活をしている(5)。彼女らの多様な活動の価値を認めるためにも、女性僧侶を含みこみ、あわせて革新や努力の意味合いを拡大するという、両面からのアプローチが求められる。そうしなければ、X師のような僧侶は、私たちの目の届かないところに置き去りにされてしまう。そして、そのような手抜かりによって、私たちが描く現代日本仏教の姿は、確実に男性中心のものとなり、嘆かわしいほど不完全なものであり続けるだろう。

私がこの「がんばれ・Experimental」的アプローチに感じる懸念は、それが日本仏教の衰退という人気のある物語に乗っかり、それをさらに増幅させようとしているところにもある。こうした調子で書かれている著作は、上田の言葉を用いれば、「仏教ルネサンス運動」のイメージ作りに資するために、仏教の衰退を所与のものとみなす。ここで私が言うところの、日本仏教の「衰退論」を全面的に論じようとすると、この論文で取り扱える範囲を超えてしまう。だが、実際に何が衰退しつつあり、それはどのように測ることができ、それがどうして仏教独自のものなのか、といった事柄は、これらの著作では、ほとんど取り上げられてすらいないことは、ここに記しておくだけの価値はあるだろう[6]。上記で言及した島根県の事例では、一二カ寺の閉鎖に加えて、この地域の病院、小学校、さらに現地事業の大半も閉鎖に追い込まれている。しかし、これら寺院以外の諸機関の閉鎖は、日本の国民医療制度、初等教育、企業家精神の崩壊の予兆としては、認識されていない。では、なぜ寺院の閉鎖だけが、仏教界全体が不調である証拠とみなされなければならないのだろうか。これらの著作では、日本仏教の衰退を論述の基本線として受容し、それをごく少数のサンプルしかない、男性住職の革新性や大胆不敵さと対比させている。そこから得られるものは、私たちが日本仏教についてより広い理解を深めるためには、ほとんど役に立たない。今日にいたるまで、仏教再興の試みが狭い範囲に止まっているのは、伝統を理解するための従来の規範的枠組みと、ジェンダーに関して同じ前提に立っているからである。すなわち、それは最悪の場合は女性たちを完全に排除しており、最善の場合でも、女性は末端の役割を与えられるにとどまっている。もし現代日本仏教の研究が女性を含みこむのに失敗するのなら、それは研究として失敗なのだ。

よろこぶべきことに、仏教研究ではここ二〇年余りで、女性やジェンダーに関する研究の数が増加している。ただし、それらのほんどは歴史研究であり（CABEZON 1992, FAURE 2003, GROSS 1992, RUCH 2002, SHAW 1994, WILSON 1996, 西口 一九八七、一九九三、二〇〇五）、かつ「尼僧」に焦点が当てられている（CLARKE 2010・2014, MEEKS 2010, KIM 2014, SCHOPEN 2014, YÜ 2013）。これらの研究は非常に重要だが、そうした文献学的・考古学的研究は、現代日本社会における、仏教の女性聖職者たちの圧倒的大多数を見過ごしている。彼女らは、独身の僧侶（尼僧）ではないが、僧侶として任命され、プロの説教者であり、もしくは寺院の住職でもある。民族誌的研究もまた、日本でもその他の地域でも、おもに尼僧に目を向けている（ARAI 1999, GUTSCHOW 2004, HEIRMAN 2011, SALGALDO 2013）。しかし、近年の研究では調査の範囲が拡大され始めており（AMBROS 2015, CAVALIERE 2015, FISHER 2014, HEIDEGGER 2010, SCHRIMPF 2015, STARILNG 2013・2015, 川橋 二〇〇三、二〇一二）、そこには、宗教的専門職としての寺院の妻に関する重要な研究も含まれる（STARILNG 近刊）。

女性仏教徒に関するこれらの研究から明らかになる重要な点は、彼女ら自身の主体的な立場をどのように表現するのか、ということだ。また、西洋のフェミニズムに広まっている行為主体性（エージェンシー）という規範的思考を乗り越えて、西洋の研究者たちは、「フェミニズムの政治的に規範的なプロジェクトから、行為主体性という分析概念」を分離するという、サバ・マフムードの見解にしたがってきた（MAHMOOD 2005：153）。彼女が論ずるように、フェミニズム研究が行為主体性の破壊的なあり方のみを認識し、その他の目的にかなう別の形態を「支配権の新しい意義づけ」に引き渡してしまえば、他の行為主体性の形態――たとえば宗教的な文脈で見られるような――を見落とす危険性がある。そうなると、破壊あるいは服従の二項対立という見かけを基盤とする、解釈の規範の枠内での貧しい理解に帰結してしまうかもしれない。この論文の中心的な目的は、女性仏教徒の体験が、いかにこのような二者択一の対比を、遥かに超えて広がっているかを明示することである。そしてそのためには、女性僧侶たちの行為主体性を、彼女ら自身のあり方を通して評価する必要がある。

レーダーの探知音によってこれまで隠されていた海岸線が明らかになるように、女性僧侶たちの語りは、これまで学術研究の視界にはほとんど入ってこなかった、寺院や仏教を取り巻く制度の構成要素に光をあてるものとなる。日本の女性僧侶たちの語りは、彼女らの抵抗への意思の有無にかかわらず、仏教の制度的・文化的・教義的な限界の様相や、それがなければ研究者に気がつかれないままであったかもしれない研究の領域を明らかにする。ゆえに私はこの論文で、ここに登場する女性僧侶たちが、聖職者の役割を女性として――支配的な規範の産物であり、加担者であり、また改革者でもある自己決定する主体として――、いかに構築し習慣化しているのかを明確にしようと試みた。マフムードは、行為主体性を「規範に抵抗する行動をする者だけでなく、多様な方法で規範を〈習慣化する〉者の中にも」見るというアプローチを示す（MAHMOOD 2015：15）。マフムードがそうしたように、私も、抵抗とは権力の診断であるとする、アブー・ルゴドの観点に従いたい（ABULUGHOD 1990：42）。女性僧侶が男性中心の教えを拒否したり、またはそれに取り込まれたりする物語を追いかけてばかりいると、女性が現実に仏教徒として生きるために、手元にあるさまざまな道具をいかに用いているのかへの関心が、おろそかになってしまうだろう。[7] ゆえに、本論文中で取り上げる物語は、状況への抵抗を反映しているものもあれば、すでに降参してしまっているか、または単に何とかうまくやっていこうとしているように読み取れるものも、含まれているのである。

方法論的考察

白人の男性で、名の通った大学に所属する研究者である私の立場が、私の研究のアプローチ、投げかける質問の内容、そして聞き取りの対象である女性僧侶の受け答えに、どのように影響したのかというのは、正しい質問である。こうした質問が投げかけられるのは、よく理解できる。だが、それに答えるのは難しい。私は自分自身の持つバイアスがどう作用したかについて、完全な自覚はできない。しかし、これはおそらく私の素朴な気持ちではあるが、文字通り何百人もの僧侶と対話し、そこで使われる省略表現や、僧侶たちが情熱を傾けて語るテーマを学んだことは、彼（女）たちが私に話しやすくなる状況を作った、と考えたい。また、外国人である私は、その場で期待されるジェンダー役割に直ちに適応しない、というのも事実だろう。彼女たちが私を男性として見なかった、と言っているのではない。そうではなく、日本人研究者の男性と同じタイプとはみなさなかった、と言いたいのである。また、この調査を進めるにあたって、私は部外者にもかかわらず、ほとんどの場合、友人、同僚、学友などの「横のつながりの紹介」を頼りにした。このアプローチによって、私の調査が、トップダウンもしくは組織の将来を見据えた事業の一部であるという印象を、最小限に留められた。特に、私は意図的に仏教諸宗派のリーダー格の人物からの紹介を避けた。なぜなら、彼らから紹介された僧侶は、義務感で私に話す必要があると感じ、自己検閲し、私が集めている情報がいったい何に使用されるのかに、疑いを持つからである。

ここであらかじめ記しておかないといけないが、インタビューのなかには——以下で詳しく述べるA家の人々とのインタビューのように——会話自体があからさまに男尊女卑的なものではないにせよ、いわゆる「おやじ社会のネットワーク」の前提を明らかに反映したものもある。しかし、私はこれらの会話の毒気を抜いてはいない。なぜなら、そうすると会話の流れが変わってしまうからであり、また、それがまさしくそのような場での人々の話し方だからである。また、私は自分をよく見せようとはしたくなかった。そのような会話の進行を拒否しなかった（時としてそこに参加さえした）という点での、共犯関係も認めよう。しかし臆病な私がやったのはそれだけでなく、対話の相手の気分を害さないように、政治、戦争責任、歴史教科書、その他もろもろの問題が話題になった際、それらの問題についての私自身の考えを何も言わなかったという事実も、ここで急いで告白しておく(8)。

本論文の全体にわたる私のアプローチは、フックスの「誰が語り、誰が書き、誰が物事を解釈するのか」という金言に従う（FUCHS 2003 : 98）。私は、僧侶たちが彼女ら自身の生活や経験について自分の言葉で語り、会話を誘導せず自然にジェンダーの問題が現れるようにし、そして僧侶たちの沈黙と、彼女たちによる言葉の編集作業に、常に敏感であろうとした。私は、インタビュー対象の僧侶たちが、自分の声で語るのが不可欠だと感じている。そのため、私たちの議論から生じた不可避の誤解や失敗の一部も、そこに含まれるままにした。インタビューというものは、綺麗に仕上げがほどこされ、読者のために完全に校正され、実際のコミュニケーションの質感のない状態で読者に提供される場合が、あまりにも多すぎる。それに対して、私のアプローチには、透明性を増すためだけではなく、従来の書き方の規範に挑戦するという意図もある。すなわち、インタビュー対象を、知識豊かな多くは男性の研究者による、あらかじめ定められた結論をおうむ返しするだけの存在として提示する書き方への挑戦である。

第一部　継承の義務

以下では、三人の女性僧侶の語りを提示し、三角測量のようなやり方で、論述の可能性の場を探れるようにしよう。彼女らは、あくまでも個々の存在であり、それぞれ識別されうるが、三人の経験を統合して検討すると、その共通点と特徴的な点から、より大きな問題の輪郭が見えてくる。この論文は二部構成で、二つのテーマを並行的に配置する。すなわち、寺院継承（世襲）の束縛と、それがジェンダーの問題とどのように交差するかというテーマだ。第一部における会話は、すべて私が「継承の義務」と呼ぶ状況を示す。まず、A師は、新潟の地方寺院の長女として生まれ、家庭内の圧力を受け寺院の所属する宗門立の大学に進学し、彼女の寺の住職になってくれる男性と結婚するよう仕向けられた。次のB師は、東京都の寺院の娘として生まれ、兄の不慮の死により寺院を継ぐことになった。また、C師は在家の女性で、結婚して北海道の寺院に入寺するが、夫が亡くなったため、やがて世襲の約束に絡め取られることになる。

「私は好きな人と結婚出来ないの」

新潟市のある農村地帯に、中堅規模の立派な真宗大谷派の寺院がある。私はA師夫妻をインタビューするためにそこにいた（※A師夫妻はどちらも僧籍を持っているため、以下では便宜的に「夫」「妻」を付して両者を区別する）。A師（夫）は、生気に満ち、社交的な僧侶で、外国人である私との会話のなかに意識的に英語をちりばめた。これは彼が若い頃、海外派遣僧侶（開教使）としてロサンゼルスで過ごした経験に基づく。私は同じく法衣を纏ったA師の妻が、会話に加わってくれるのが嬉しかった。しかし、彼女がその場でノートを出し、午後の滞在中、ずっとそこに物事を書き留め続けていたことに、いささか驚きを禁じ得なかった。また彼女が、私たちの会話にためらうことなく途中参加し、議論し、ときには夫の誤りを正す姿勢から、すぐに彼女は会話の対等のパートナーであると判明した。いろいろな意味で、彼女は私が現在取り組む女性僧侶の研究に推進力を与える人物となる。もしそれ以前にも、寺院住職の妻、母、娘、姉妹が、住職との会話に参加してくれていたら、私は、いったい他にもっとどのようなたくさんの会話ができただろうか。そして、そこから他に、どのようなことを学べたのだろうか。

A師夫妻は見合い結婚である。夫のA師は、岐阜県の寺院の次男であり、A師の妻は、私たちがいま座っている寺院の長女であった。二人とも以前にも結婚した経験を持ち、これを「バツイチ」と言うらしい。まず、二人が寺院で生まれ育ったそれぞれの経験を、対比させるところから始めたい。

マーク：これも聞いた話なんですけども、特に大谷大学と龍谷大学はあるんだけど、どんな宗門大学でも次男として行くと結構人気。
夫　　：そうそう。
マーク：お寺の娘からのターゲット、それほどのことかどうかわからないけど、耳に入る話。
夫　　：よく聞きますよ。ガールフレンドでも誰でも「貴方はファースト・サン、セカンド・サン？」って。僕が「セカンド・サン」って言うと、「ウウア～ン」。
マーク：もう一回、今のやって。
夫　　：「キャーキャー」、ハハハ。

この六三歳になる、身だしなみを整えた法衣姿の僧侶が、両手で顔を隠し、まつ毛をパチパチさせ、アニメに出てくる女子高生のようにかん高い声を出す姿が、どんなに可笑しいか。それをここで十分に伝えるのは難しい。とはいえ、これをすぐ横に座った妻がにらみつけていたのは、最高に可笑しかった。

妻　：へえ。
マーク：ごめんね、こんな話して。
妻　：大丈夫です。
夫　：そういう感じね。
マーク：おもしろい。やっぱりあったか。
夫　：あった、あった、何人かあったよ。
マーク：オファー来るんですか？
夫　：来ます。はい、はい。いくつも来るね。ただ、僕はもう少し勉強したいということで…ネ、大学卒業して自分のセルフコンフィデンス（自信）が出来たらそこへ入る…そうだけど大学にいる時にいらっしゃいというのは、ちょっとそれは僕はまだなあと思って。

A師（妻）は、夫が目を星のようにキラキラさせる女子大生の真似をしたときには、明らかに難色を示した。それにもかかわらず、身内の者から寺族の娘に降りかかる、婿養子として夫を連れて来なければならないプレッシャーと、寺院の住職の妻たちに降りかかる、周囲と足並みを乱さないよう迫られるプレッシャーについて語るのを、彼女はまったくためらわなかった。彼女は、寺院継承の方程式のもう一方の側で育つとはいかなることかを、次のように語る。

妻　：すごく葛藤があった…すごかった。
マーク：大変でした？
妻　：最近中学一年のときの友達に会って、私が中学生でありながら小学校のときから「私は好きな人と結婚出来ないの」と口走ってたと聞いてびっくりしました。子どもなのに「家に来てくれる人は親が選ぶ」と言ってたって。
マーク：ここの長女ですか？
妻　：長女です。しょうがないです。
マーク：資格（僧籍）持ってはるんですか？
妻　：大谷大学に入った時に仏教学に行ったんです。仏教学科。跡継ぎだったから、父の命令ですよ。

夫：ハハハ。

妻：お父さんが、大谷大学の仏教学科に行きなさい、頭が悪いんだからそこしかいけないって言われて…それでずっとそこに行くしか希望がなくて、それを選んで…そこに行って、寮に入りなさいって。女子寮に入って…それで女子寮で出会った友達が、長女でないにもかかわらず教師資格を取るんです、皆。お部屋の子たちが四人いて皆そうです。何で取るのって言ったら、「宗議会で票が一票入らないと困るから」って。

マーク：え？

妻：議会で票が。それで取るって言うわけ。もう一人の私の友達が「あなたね、お婿さんが入ったらって言うけど、死んだらお寺取られるわよ」って。

マーク：取られないでしょ、資格を持ってたら？

妻：お婿さんが死んだら。

マーク：ああ。

妻：だから資格取りなさいって。お寺は一族で持ってたらいい…そう言うのを周りから聞いて。びっくりして…何で取らない、何で取らないって言われて、じゃあ、取りますって。

マーク：よくある話ですか？

妻：結構ありましたよ。

マーク：地方を問わず？

妻：問わず。行ったら当たり前のように。

マーク：都心部のお寺も？

妻：都心部も田舎も変わらず。要するに継続して行くというためには、親が小さいときからそういう風にして育てる。女の子でも時代が変わって…。

マーク：息子は無理にさせないけど娘は無理にさせるわけ？

妻：そうそう。そういうことがあるんだなと思ってびっくりしました。

自分の生きる道を子どもの頃から前もって決められていたのは、A師（妻）だけではなく、女性の友人の多くもそうであったのだ。また、彼女がこのように僧侶になるよう命じられたのに対して、夫のほうは、自分の生き方の選択肢をコントロールする力を、彼女よりも持っていた。この点は比較するに値する。(9) 彼女の人生の可能性の地平は、彼女がこの世に生を受けたときに決められていた。彼女は父から頭がよくないと言われ、自分に他の道を選ぶ可能性があるとは思いもよらなかったのだ。また、A師（妻）の選択肢において、彼女は寺院を継いでくれる相手と結婚しなければならず、しかもその相手は「あまり変わった人」であってはならないという、重大な制約が課されていた点にも注意すべきだろう。加えて、彼女が僧籍を取得するにいたる過程で判明した戦略的な要素、つまり夫が亡くなった場合に自分を守るためであり、また宗議会での一票を確保するためであるという点についても、さらに検討すべきである。自己の信仰に基づく決断によって、寺院を継承し、僧籍を得る女性もいるが（SCHRIMPF 2015）、私自身のインタビューでは一貫して、より複雑な動機があったことが明らかになった。私たちの会話のなかでは、信仰についても語られはした。しかし、それはA師（妻）がどのようにして、なぜ僧籍を得たのかという問題に関連するものではなかった[10]。

「京都のクソ坊主」

「Bさん」は、東京の都心部のファーストフード店とビジネスホテルの間にある、三七〇年の歴史を持つ小さな浄土宗寺院の住職で、年齢は六一歳である。彼女はこの寺院の二五代目（B姓としては四代目）の住職だ。寺は長男である彼女の兄が継承する見込みだったので、彼女は子どもの頃から何でも好きなことを自由にできた。本人によれば、彼女は友人とチームを結成して暴走族をやり、相当に荒れた青春時代を送る。その後、大学で社会学を学んで卒業し、それから暴走族を相手に商売する毛皮店で働く。二八歳の時に同級生と結婚したが、子宮体がんを患ったため、子どもは授かれなかった。彼女の夫は家業を持つ本家の長男であったため、一三年間の結婚生活を送ったにもかかわらず、彼女が跡取り息子を産めないという理由で、離婚する。離婚後、彼女は引きこもりになったが、ようやく動物病院で働き始められるところまで、どうにか回復できた。最初は電話番として雇われていたが、正式な研修や資格を持たなかったにもかかわらず、次第に看護業務の仕事へと昇進する。動物病院で一三年間勤めている間に、彼女の兄が病気になり、二〇〇五年に五四歳で亡くなってしまう。彼女は、高校はキリスト教系の学校に通った。子どもの頃、寝る前にジャータカ物語(11)を読み聞かせしてもらった以外には、仏教のことを何も知らなかった。ところが、地元の僧侶から寺院を継ぐように説得されたのである。

B師　：そのときにその仏教青年会のときの兄のグループのお仲間の人たちが力になってくれて、説得されたんです。「君が継ぐしかないんだよ」って。で、このおじいちゃんっていう人は「B上人」は…私もよくわかんないんですけど、浄土宗の法式、いろんな決まりごと、お経の決まりごとだったりっていうルールを作った人、携わった人みたいなんですよ。だからお経に音符が書いてあったりするんですけど、そういうのをおじいちゃんが、うちの祖父がやったみたいなんです。…何かそういう風な…名前のあるおじいさんだったので、そのBの血が残ってるんだからやりなさいって言われて。で、また私何にもわかってないから、こんなに大変だと思わなかったので。

マーク：何歳ぐらい？

B師　：四九歳。だから、ぜんぜん…だからお兄さんが亡くなった年の九月に四九歳になるから…まだ四八歳の終わりぐらいの時にそういう風に言われて、何にもわかんないから、「ああそういうモンなんだと思って」。「大変じゃない？」「大丈夫、大丈夫」って。

マーク：ハハハハハ。

B師　：「大丈夫ナン？」「大丈夫、大丈夫、ぜんぜん大丈夫だよ」って言って。私の同級生の人とかはね、六〇歳だったとか言うんですよ。そうそう、いたよな、そういう人いたよなっとか言って…じゃあ私全然平気ジャン、まだ五〇になってないんだし、とか思って。ぜんぜん平気だよ、水泳やってきたしサーとか言われて。そうだね、競泳の選手だったので…小学校からずっと競泳をやっていたので。やってたから、体力もあるし、行なんか平気だよって言われて。「そういうモンかな」と思って。六〇歳の人がやってたら、そりゃちょっと五〇歳前の私はプライドがあるじゃないですか。だから行ったんですよ。とーんでもなく大変でしたよ。

マーク：それで？（笑）

B師　：バッチャーンというくらい大変でした。

B師は、すべての浄土宗僧侶が僧籍を取得するために受けなければいけない、四回の三〇日間の養成講座だけではなく、養成講座の受講の許可を得るために乗り越えるべき障壁にも言及する。正式な修行を開始する段階に至るまでに、六カ月間の早朝研修を受けなければならないのだ。彼女は受講の資格を獲得するが、その経験は、これらすべての事業に関する疑念を彼女に残すものとなった。さらに養成道場に入るための面接では、担当の僧侶と、提出書類のことで一悶着起こすことになった。その提出書類とは、彼女が服用している薬のリストだった。

B師　：診断書を出すじゃないですか。で、私はたしかに子宮体がんをやりましたよ。

全摘してますから、そのためのホルモン療法もやってます。でもちゃんと完治を…一〇年以上経って完治していると言われているので、完治しているっていう風に書いたわけです。でも飲んでる薬を書かなきゃいけなかったので、持ってかなきゃならないので、治療のための薬は。で、その薬を書いたら違ってると。薬を飲んでるということは完治じゃないだろうと言い出したんですよ。だからそうじゃなくて「そうじゃないでしょ」って。「これは、完治はしているけれども、この薬はホルモン療法の薬だから飲まないと私は体でホルモンを作れないから、だからその補強のために飲んでるわけでしょ？」って言ってるのに…もう乱暴で、「お前が出したな」って。「お前が出したこの診断書って何なんだよ」って。ぴちっと切れちゃって「誰が彼氏でもないあんたにイチイチ話さなきゃなんないのよ！」ってなっちゃったんですよ。師匠もそのとき切れそうだったって言ってました。これからこの年でこの世界で頑張ろうと思って、事情があるから入ろうと思ってるのに、そういう者に対して、止《や》めるんだったら今の内だよっていう言い方はないだろうって言って。

僧侶が私に何かショッキングなことや、別の僧侶を巻き込んでしまうかもしれない詳細について話そうとするとき、彼らはいつも私のデジタルレコーダーを見下ろし、実際に自分の本心を語る前に、これから自分がそうすることに気づいている。その時、彼女はいささかも躊躇することなく、静かに私にその人の名前を告げ、下を向き、両手を丸めて口に当て、レコーダーに向かってもう二回、その名前を叫んだ。まるでテレビのクイズ番組の司会者のような、歌うような口調で、罵りの言葉を浴びせたのだ。「それ京都のクソ坊主なんですけど。Yっていうクソ坊主です。Yで〜す。あいつは狂ってま〜す」。B師の辛辣な皮肉、強い独立心、そして家父長制の偏見に満ちた仏教の制度に対する抑えきれない軽蔑の念を、これ以上に伝える術はないだろう。

B師の寺院継承の話は、女性住職の生き方をめぐる共通したテーマを呼び覚ます。すなわち、これは得てして人生の後半に、わずかな修行か、もしくは修行経験が皆無の者に起こることだが、兄弟、親、または配偶者の死後に発生する、継承の圧力である。A師（妻）とは異なり、B師は彼女が今では習慣化している生活スタイルでは育ってこなかった。多くの女性住職による語りと同様、彼女の話は、寺院仏教の持つ地域的・制度的な文脈の双方において、独特な視座を提示する。何らかの統計調査上であれば、彼女は寺族として分類される。しかし、彼女が寺院の僧侶としての生活を経験しはじめる前の、四半世紀を超える「実社会」での職務経験からすると、彼女はむしろ在家者に近い人物と位置づけられる。たしかに彼女との会話のほとんどが、寺族生まれの僧侶たちと、金銭に対する彼らの歪んだ理解への批判が中心であった。

B師　：ほとんどのお寺さんが金銭感覚ズレてますから。っていうのは、働いたことがないんですよ。働く必要がない、外で。だからわかってますよ、頭では。わかってますけど、その実態がわからないんですよ。でも私は外で働いて一人で生きてきましたから、一〇〇〇円の重みってあるんですよ。…いま私が話したお寺さんのなかにお葬式のときに新盆の話をすると。新盆は一〇〇万だって言うんだと言うんですよ。「はあ？　え？」って言ったら、「一〇〇万なのね、うちは」「でも払えない人いませんか」って。「払えないって言ったらどうするんですか」って言ったら、もちろん払えない人います。そういう人に対しては、「あなたにとっての仏様っていうのはどういうものなのか」って。「いや、それは違うと思います」って。

マーク：そうじゃない…そうだったら詐欺になる…。

B師　：だからお坊さんって、お坊さんっていうベールに隠れてて、とんでもないいんだから。

Ｂ師は、自分の本心を隠すために常に仮面をかぶらなければならない者として、自分の宗派の伝統の大部分に対して、部外者として立っている。彼女はいつも自身の宗派の（制度的・教義的・習慣的）限界と衝突してばかりいるが、それはまさしく、男性僧侶による説明では、あまりにもよく見過ごされる衝突なのである。

「女性は住職と寺庭婦人の役割の両方をやらなければいけないの」

Ｃ師は、一九五二年にＳ市に生まれ、二一歳で日蓮宗の寺院に嫁いだ。実家の檀家寺の住職である夫の父親に勧められた、見合い結婚だった。彼女は父親に、寺に嫁入りするのも普通のサラリーマンと結婚するのも、同じようなものだと言われたそうだ。

マーク：それ（結婚）の前でも何か仏教とか宗教とか…ご縁がありましたか？

Ｃ師　：実家がここのＺ寺の檀家だったんです。それでお父さんがお参りに来たときに、ちょうど私がお休みでお茶を差し上げたんです。そしたらまだ結婚してないなら、うちの息子とお見合いしてくれないだろうかと言われて。

マーク：住職のほうから？
C師　：うん、そうなんです。
マーク：そういう縁、おもしろい。［寺院の事務所の運営を手伝うアシスタントがいるにもかかわらず、ひっきりなしにかかってくる電話にC師が対応する必要があり、そのうちの一本により会話が一時中断する］　それで付き合って、だけどそのとき、お寺の奥さんっていうことをわかってたんですか？
C師　：いや…一応そうなんですけど、お父さんのほうから、サラリーマンと変わらないから、何も変わりないから。
マーク：お父さんがそう言ってた？
C師　：そうなんです。家のなかだけ守ってもらえればいいので、サラリーマンと何の変わりはないから心配しないで来て下さいと言われたんですよ。ホホホ。
マーク：結局そうではなかった。
C師　：なかった、なかった…全然なかったですね。

私は、結婚する際に僧籍を取得したかどうかを彼女に尋ねたが、当初は寺院の妻になるつもりはなかったため、取得しなかったとの答えであった。「私が唯一取得した資格は運転免許でした（笑）」。しかし、夫の勧めもあり、結婚一〇年目にして僧籍を取得する。彼女は、おおむね知り合いの檀家回りで読経をするようになった。C家は、この地域にある二つの寺院を運営していた。彼女と夫は小さいほうのH寺（檀家数三五〇軒）を、義理の父は大きいほうのZ寺（檀家数六五〇軒）を、それぞれ担当した。やがて、彼女と夫は両方の寺院の運営を継承する。彼女は息子と娘を一人ずつ出産したが、一九九五年、彼女が四二歳のときに夫を亡くす。当時、息子は一三歳であった。結婚したときのH寺は彼女の義理の兄が継承したが、いずれは息子に寺院を継がせるようにと彼女に求めた。こうしてC師は、自分で進路を決めるにはまだ幼な過ぎる、息子の将来を選択しなければならない事態に直面する。結局、彼女は自分が住職として寺院を継ぐことにした。僧侶の基礎知識を問う学力試験検定（乙種筆記試験）を受け、一九九六年に身延山にある信行道場という日蓮宗僧侶の養成所に入道。そして、その年の八月に執り行われた儀式で、住職に就任する。

息子の将来への心配に加え、彼女自身も深刻な疑問を持っていた。何も知らずに寺院の世界に嫁いできた在家の人間として、彼女は、檀家たちの純粋な信仰と、ビジネスのような寺院運営の現実との間に、大きなギャップを感じたのだ。また、仏教の世界の外から来た者として、あらゆることに疑問を抱いたため、いろいろなトラブルにも遭遇した。彼女は述べる。「在家に生まれた者はいっぱい疑問を持っているけれど、お寺に生まれた娘さんは疑うことを知らないの」。当初は、彼女への反対意見がたくさんあった。大きな寺院は男性が運営すべきという期待があるのだと、彼女は私に語った。彼女が住職に就任した後も、ダブルスタンダードは終わらなかった。彼女は続けてこう言う。「女性は住職と寺庭婦人の役割の両方をやらなければいけないの。男性は住職になるだけでいいのにね」。

C師　：大変でしたね。何もわからない…今まで奥さんしかしたことがなかったので。寺庭婦人って日蓮宗では言いますが…寺庭婦人だったから。

マーク：他の道…寺から出る可能性…その場合はいろんな可能性があると思うんですけど、住職になろうと思ったのはすごいと思うんですけど。

C師　：私も出ることも考えました。悩みました。すごく悩んで…子どもが、小っちゃい男の子がいるので。まだ小学…中学一年かな…男の子がいるのと、主人が亡くなるときに、その子にH寺を継がせてくれと。

マーク：って言われた。

C師　：ええ、言われたので。お前が両方守って息子に継がせてくれって言われたので…すごく悩みましたよね。ちょっと私、そのときにはお寺に関してもお寺のあり方、制度的なものとか組織的なものとかに関してもすごく疑問があって。そういうものに何か違和感を感じて…こんなこと省いて…内緒の話だから。[12] 一般の檀信徒のほうが信仰心が篤いと思うんです。純粋に信仰ができる。でもお寺さんになるとそれだけではやっていけない部分がある。

マーク：つまり、「信仰」対「運営」？

C師　：そうなんです。経営っていうのかな。このお寺を守っていくためにはそうじゃないことも考えなくちゃならないし…そこが私は…ちょっと違うかなあって。そのときはそう思っていたんです。純粋に信仰をしているわけにもいかない。

マーク：皆それを感じてるんです。皆そこを悩んでいるんです。寺に生まれた方でも。

C師　：そうですよね、わかります。自分が住職になってみて皆が感じることなんだなあと。実際やってみるとわかる部分がありますので。

マーク：子どもの頃、両親に対しての気持ちと自分が親になってからの気持ちみたいな？

C師　：そうそう。経験して初めてわかることってありますので。

マーク：しかし、あのときに違和感を感じてたのは、そのギャップだけですか？

C師　：それとね、あまりにもね、この仏教界っていうのは女の人に対して冷たいっていうの。
マーク：特に日蓮宗かどうかわかんないんですけども、よく聞きます。
C師　：でも日蓮宗だけではないみたいです。
マーク：それは？
C師　：曹洞宗もそうだと聞いてるので。
マーク：真宗の方は、もしかして坊守さんに対してのサポートが他の宗派より？
C師　：権力っていうか立場を与えられている分だけ発言できますよね。いくら住職と一緒になって、お寺の運営を一生懸命やってきても発言権もないんですよね。そこも持ってたかな…だから女の私がやっていくのには、すごく大変だろうなと感じて、すごく悩んだんです。
マーク：ですよね。一つは自分の息子も将来を考えて、お寺で良いのかとか逃げる道を作るかとか。
C師　：そうなんです。必ずしも息子が自分からやりたいと言うんでなければ、辞めようと思いました。
マーク：お寺の長男として生まれて、だいたい決まってるから。

C師　：押しつけるということはさせたくなかったので、本人がお寺をやるという風に決まればバックアップはするけれど、そのあいだにお寺を持ってないと選択の余地ないですからね。

マーク：そのときに息子と相談…中学一年生ではあんまりわからないし。

C師　：わからないし…しない。それとなく聞いたら「僕はしない。継がない」って言ってたので。思ったんですけどお寺を守ってること…守ってて自分が判断がつくときに、お寺をそこまで守っていこうかなと。それと檀家さんは自分が知ってる人に継いでもらいたいんです。まったく他所から来るよりは、今まで家族としても顔見知りでやってた人に継いでもらいたいという気持ちが強かったので…そこら辺で継ぐという決心をしたのかな。

この話には、僧侶の妻帯の結果として、ありきたりではあるが、あまり研究の対象とされていない状況が垣間見える。それは、住職が亡くなった後に残された妻が、きわめて不安定な立場に追い込まれるという状況である。夫の後を継ぐのを決心した彼女の説明のなかで語られていないのは、もし彼女がお寺を継がなければ、新しい住職が見つかった時点で、彼女と子どもたちは寺を出ていかなければならなかった、ということだ。これは、C

師がわざと経済的な動機を隠していたという指摘ではなく、むしろ、彼女の決断の背景を十分に描くための説明である。寺院継承は寺の妻に対して、単に後継者を産むという寺院経営上の圧力を加えるだけではない。代々の世襲が途切れそうになるとき、このシステムは「完全な」家族の存在に依存しており、そこでの寺族の存在意義は、仏教を広めるのと同等に、子孫をつくる活動が中心になっているという事実が明らかになるのだ。

だが、このような状況が生じる可能性に対して、人は何を準備できるのだろうか？　二〇年以上も寺院で生活し、僧籍を取得し、法要儀礼を執行しているにもかかわらず、それでも彼女はまだ自分自身を、寺院に従属する専業主婦だと考えている。彼女の息子がまだ中学生だった頃、彼の将来をすべて決定しなければならないという不確定さに加えて、C師は、寺院運営の総体への疑問を持った。地域的（寺院）、国家的（制度）、教条的（教義）、それぞれのかたちでC師が経験した女性蔑視の経験は、当然のことながら、彼女が寺院のなかで活動する際のやる気を削いでしまっている。さらに、寺院仏教の部外者として活動しはじめた結果、彼女は、そこで出逢った僧侶たちの献身や信仰の欠如に、深刻な疑いを持つようになる。おそらく驚くに値しないが、興味深いことに、C師は最終的に、寺生まれの者が自分の将来を決めるときに向き合うのと、根を同じくするプレッシャーに直面した。それは、檀家への義理である。ここでもまた、家族仏教が貫徹されているのがわかる。

檀家たちは、いつどんな場合でも、誰か新しい人間よりも、よく知っている家族の者が後継者になるのを望むのだ。それゆえ、もしC師に息子がいなかった場合、彼女が寺院の僧侶の役割を引き受ける際にも、同様のプレッシャーに直面していた可能性について、考えてみる価値はあるだろう。

第二部　ジェンダー、アイデンティティ、そして寺院の生活

本論文の第二部では、寺院継承に焦点を当てた語りから、寺院の生活とジェンダーの問題がさまざまに交差するところに話を移す。まずA師（妻）に、地域の寺院の妻たちの会（坊守会）についての話を聞くところから始める。続いてC師による、『法華経』の解釈の誤りをめぐる、教義に関する議論を取り上げよう。そして最後に、B師の語りに戻る。寺院に生まれたが、長らく仏教の世界の外側にいた彼女の人生が、その浄土教義の解釈と、寺院仏教のなかの女性の立場の理解に、いかなるかたちを与えてきたのかを詳しく見る。これらの議論によって、同じ地位にいる男性には認知すらできないであろう、女性への拘束や社会的圧力を、女性がどのように見ているのかを明らかにする。

「ものすごく変な世界」

第一部で見たように、A師（妻）の父は、強烈なプレッシャーをかけることで、彼女を宗門大学に進学させ、僧籍を取得させた。しかし、その他にも、寺族の女性への厳しい指導が、別の女性によって行われる場合もある。A師は寺族の娘だったので、寺院に嫁ぐ必要がなく、姑からの（圧迫的）指導を受けることもなかった。そのおかげで、彼女は坊守会のような地域の会合などで、より積極的に活動する自由を与えられた。しかし、それはまた、他の寺院の妻たちが直面している厳しい現実に、彼女を正面からぶつからせる結果にもなったのだ。

A師　：母が坊守会に出られなくなったので私が出て、歳が同じ方がいないので誘ったんです。随分アタックしたんですけど、誰も出て来ない。夫も妻と一緒に出てくれって誘ったんだけど、結局ダメで。どの人に言っても建前は平等、平等って言うんだけど…出て下さい、引っ張って下さい。私はいいんだけど、自分の息子がダメみたいって言うし、息子は自分はいいんだけど妻がダメみたいで。皆、相手がダメみたいって言うんだけど、実際はそういう確執みたいなものから、まだまだ出てないんですよ。すごく不自然、ものすごく変な世界。お嫁さんたちは出られないんです。若い人たちは出て来ない…そのようなことは通らない。

マーク：お母さんのせいで、それとも…押さえているのは？

A師（夫）：お母さんだろうね。

A師：一番はお母さんですね。最後にお母さんが本音をおっしゃって、まだ嫁は家のなかで学ぶことがたくさんあるし、やっと「終い湯」って言って、最後のお風呂に入ってお湯を洗って出て来ることができるようになって…そこまでやっと育てたんだからって言って…それでダメなんだなと。この人たちと話しても無理だなと。でも、本音は（建前の誤り？）どうぞどうぞって…飲みに行ってもいいし、遊んでもいいし。

マーク：婦人会で変なことを学ぶ、って心配してる？

A師：そうそう、言ってますよ。だから本音と建前がきれいに分かれている。

マーク：ウイルスみたいな。

A師：そうそう。新しい感覚が入って来ると…そんなことないよ、皆知ってることをただ言わないだけよと思うんだけど。何を今さらと思って。

ここから会話は別の話題に向かったが、再度「息子の嫁が家に閉じ込められる」というテーマに戻る。

A師　：それは、本当に聞きました。結婚もやめた人いますね、それで。「私がお寺に入ったら一緒に信仰を伝えていって、門徒（真宗の檀信徒）とともにやりたい」と（A師の知り合いの僧侶が）言ったときも、結局、本音は絶対に家から出さないって。すぐ近くなんです。よくわかる人で。でも表では一緒ですよね、皆のなかに入ると。

この話の内容は、B師が養成道場で直面した制度的な女性蔑視や、次の節で取り上げる、C師が論じる教義上の限界といったレベルには達していない。だが、女性僧侶に課される制約について、どうしても考えさせられてしまう。寺院の女性僧侶は、文化に由来する境界線に直面することもあり、しかもその境い目は、他の女性が取り締まっている場合もあるのだ。このように、寺院の妻（そして娘／姉妹）が地域の寺院コミュニティのなかで厳しい指導を受ける例は、現代日本仏教のジェンダー問題を調査しようとする研究者の前に立ちはだかる、対象の複雑さを示唆する。彼女たちが直面する限界は、単に仏教に由来するものではない。たしかに制度的な側面はあるが、そこには社会的な期待や規範もあり、よって寺院で起きている現象を、より広い文脈に位置づけていく必要があるのだ[13]。私が別の論文で論じたとおり、仏教の研究は、寺院の山門に止まりうるものではない（ROWE 2011）。同様に、女性仏教徒の研究は、女性がリーダーシップをとる上での制度的限界、女性が救済論的に劣位にあると詳述する諸経典、さらには、従順に子孫を産み家庭を維持するという、女性に対する積年の文化的期待など、絡まり合う糸の数々をすべて解きほぐすような探究が求められる。

「本当にお釈迦様はそうだったのかな」

C師は、宗派内の女性の地位向上のための戦いに、多くの時間を費やした。彼女の仕事は国内各地で講演し、宗派内の女性グループの活動に積極的に参加することも含まれる。それゆえ、彼女との会話は、仏教の女性に対する向き合い方の問題に、頻繁におよんだ。彼女は、地域特有の女性蔑視の風潮により、息子が成人するまで寺院を継承することがほぼできなかったと、私に説明してくれた。ジェンダーの問題をめぐる彼女と私の議論は、はじめは日蓮の仏教だけに限らず、釈尊の時代の仏教の、より根本的な問題と、その解釈の仕方にも関心が向いた。

マーク：自分自身の仏教に対して、心のなかは変わってきたんですか？

C師　：理解は深まってきましたよね。いろいろ本とか勉強しましたので、仏教に対しての理解は深まったかなと思うんですけど、私は女性なので、なぜお釈迦様が女性の教団を認めなかったのかなっていうことと、そこの真意がわからないです。今は教えは残ってるんですけど、それは後から聴いた人たちの言葉なので、本当に真意なのか絶対わからないじゃないですか、そこら辺がどうなのかな。

マーク：しかも男の人が書いてた。

C師　：そうなんです。しかも時代背景は絶対ありますでしょ、社会…すごい影響されてるので、その上で書いたと理解すればわかるよねっていうのがあるんですけど…でも本当にお釈迦様はそうだったのかなって。

マーク：信じ難い。

C師　：信じ難いですよね。

マーク：だけど『法華経』はある意味で一番女性に対しての。

C師　：そうなんです。でもね、マークさんもわかってるけど、『法華経』のなかに提婆達多（品）がありますでしょ。女人成仏がありますよね。あれをめぐっても日蓮宗の男の人たちは理解がないっていうのか、解釈が違うんです。あれをまっすぐ読むと女が男に変成男子、男に変わって成仏するって読む人がほとんどなんです。でもね、あれを読むと、私たち女性側から見ると、男性に変わる前に宝珠という玉を差し上げて、それをお釈迦様は受け取ったじゃないですか。それで成仏と考えれば、男になる前に成仏してたと。だけど周りの人たちが納得しないから男に変わって見せたんだよねというのが、女の人の考えなんです。

マーク：なるほど。

C師　：でも男の人たちはそれを認めない。男に変わるんだよと。でもこのあいだ、I先生ってI寺にいる先生なんですけど、あの方が講義してくれたんですけど、男に変わるのは変わるんだと。だけどその男は今の人間世界の男と思ったら違うんだよと。

マーク：ごめんなさい、もう一回。

C師　：男に変わるのは変わるんだけど、その男っていうのは私たち人間社会の男と女ではないんだ。

マーク：わかる。二つの真理（二諦）。

C師：性別ね。人間の男と女ではないんだよと。仏様の世界の男、男性なんだよって。

マーク：なるほど。

C師：それはもしかしたら両方のものを持ってるのかもしれないし、男でも女でもない中性に近い…それは（I先生が）僕にもわからないけど人間の男とは違うんだよと教えられたので、ああ、すごく納得。

［私は彼女が誰のことを話しているのか確認するため、ここで一度会話を中断した。］

C師：私たちは人間のこの社会しか知らないけど、宇宙を考えてもっともっとお釈迦様たち仏様の世界ってのは、もっと違うものかもしれない。

マーク：私たちから…悟りを開いていないから見ると。

C師：人間の身体ではないかもしれない。そういうことを考えればたしかにそういうこと言えるよねって。そういう意味で変成男子。そういうことを考えれば、ああ、そうかって。それだと女の人も納得なのかなと。だってマークさん、考えてみて下さい。おかしくないですか。どんな男の人も女の人から生まれているんです。で、女が不浄だって言ったら男は不浄から生まれたってことになるじゃない。自分の生まれが不浄なものって、すごく侮辱じゃないですか？

C師の「ああ、すごく納得」という感嘆は、この解釈なら一人の女性として受容できるという主張とともに、そのときに続けて私が尋ねたいと願った一連の質問への扉も開いた。彼女が受け入れることができないものは何か？　その他にはどんなことに納得できないのか？　女性が持っている、男性には想像すらできない、尋ねてみようとも思わないような質問とは何か？　C師が言うように、どうして、女性を不浄とする仏教の見方が、男性を、自己の起源が不浄だという考えへと導かないのか？　彼女が、I師による「龍女成仏」の物語の解釈を受け入れた事実は、重要なヒントを与えてくれる。C師にとって、ジェンダーが現象界の問題として相対化されることは、性差に基づく区別は無意味であるという、より深遠な理解を可能にしてくれるのだ。

I師との出会いにより、C師は、偏狭な心のもとに確立された家父長制と対決し、過度に単純化された女性のイメージに、異議申し立てができるようになった。I師は、I寺で教えており、その解釈は宗派制度の権威を代弁する。とはいえ、彼の教えていることは、既成の解釈とは相反する。C師の説明によれば、I師は、女性僧侶に、男性中心主義の宗派の伝統の裂け目を可視化させ、それを通り抜けて、彼女たち自身が持つ真実の感覚に至らしめるための方法を、女性に与えてくれるという。このような解釈上の戦略は、C師に、女性の劣位を当然の前提とする聖典の語りを、転換させることを可能にした。もちろん、人によっては、C師が好ましいと考える『法華経』の解釈を、もっと皮肉に、虚偽意識だとする見方もできるだろう。つまり、それは単に女性に平等性と深遠さの幻想を与えているだけで、現実には何も変わらないのだと。しかし、そうした立場をとってしまうと、C師が自身の生活をとおして――説法の中や、女性グループの仲間と話すときや、寺院の女性信徒たちと議論するときに――いかにこのメッセージを活用しているのかを、見過ごしてしまうだろう。また、所属する宗派の伝統が提示する救済の可能性についての理解の転換が、彼女にどれだけ深い信仰を与え、生活のすべての部分を変化させるような自信を彼女に与えたのかも、考えられないようになってしまう。

「そんな夢うつつなこと言ってられない」

B師の体験（荒れた幼少期を過ごし、離婚し、自立して働き、制度的な女性蔑視を受けながら、中年期にゼロから寺院を継承する）のすべてが、彼女を今日のような独立し、遠慮なく物事を言える僧侶に仕立てあげた。しかし、その体験は一方で、一切をもれなく救済できるという浄土教の教義に対する、彼女の強い反発にもつながっている。私は、この論題についてかなり白熱した議論をした後、彼女に、普遍的な救済をほんとうに信じていないのかと尋ねた。彼女からは次のような回答があった。

だから人はそんなに甘かないよって。口先だけでいう奴はごまんといるよ。心の底からほんとに申し訳ないことしたと、自分の愚かさを自己診断できる奴、自己分析できる奴がどれだけいると思ってんのって、世の中に。私、現実的なのかなー…そんな夢うつつなこと言ってられないと思うんだよね。救われない人がいて当然。だって救われないことをして来たんだもの、この世で。それを死んだ段階でお坊さんに救ってもらおうなんて…甘すぎる。一回あんたも地獄へ落ちて、それからにしなよって。でも私は救わないって言ってるんじゃない。地獄に落ちて自分で努力をしてごらんって。自分で経験をしてごらん、苦しいことをって。

彼女の自助努力への確固たる信念が、自身が所属する宗派の根本教義に対する、かなり明瞭な批判のなかで提示されている。一方で、彼女の女性僧侶としての意思表明は、もう少し微妙なやり方で示される。B師が他の女性僧侶に向けて繰り返す批判の一つは、彼女らが読経する際の声の音程の問題に集中する。B師にとって、同僚の男性僧侶たちの声の音程に合わせるのは、彼女がこれまで一生懸命に取り組んできたことである。そうした努力を単に怠っていると感じられる女性僧侶たちの世話を焼く時間は、彼女にはない。私が、彼女は自分の寺院の後継者に、女性僧侶を任命する考えがあるかどうかを尋ねると、それには非常に懐疑的であった。

B師　：女性はね、どうかな。まず頭…髪の毛こんな長かったらダメだしね、住職がこんな剃ってるのに、役僧さんこんな長かったらダメだし…でね、女性の場合はね髪が長くて、ここでこうやってまとめてる［髪を後ろに引っ張る仕草をする］。

マーク：ポニーテールみたいな？

B師　：すごく俗っぽいよね。あまりきれいじゃない。

マーク：やっぱり俗っぽいのはダメ？

B師　：うん。女の人ってやっぱり子どもを産む性だから俗っぽく見えちゃうんだよね、きっとね。でも、もしね、たとえば男性に置き換えて、自分の奥さんでもお母さんでもお父さんでも、誰か亡くなって大事な人が、来たお坊さんがモヒカンだったらどう思う？　真っ茶色でモヒカンにしてる？
マーク：ハハハ。
B師　：お坊さんが来たとしたらどう思う、っていう話だと思うのね。そして私、尼僧さんは努力が足りない。すごく努力が足りないと思う。
マーク：一般の尼僧さん？
B師　：うん。まずね、発声練習とか努力すべきだと思う。
マーク：何の練習？
B師　：発声。
マーク：発声って声の？
B師　：声。女の人の声って高いので、一人だけ高いわけ、一オクターブ。
マーク：はい。
B師　：でもそれはたしかに同じ音で一オクターブ違うだけなんだけども、あまりよくない、聴いてて。自分は尼僧だからじゃなくて、やっぱり男僧さんが男の坊さんが多い社会で働いているんだから、自ずと男性の音にメインがしぼられていく、お経の音が。でも女の人声が出ないの、低い声。トレーニングしなければ。でもトレーニングすれば出るようになる。私、出るようになったもん。今もやってるけど、発声練習を朝やってるのよ。

マーク：今でも？

B師　：今でも。そうすると出なかった音「ああ～」っていう音まで出るようになるの。そうすると、男の人と一緒の音でちゃんと違和感なくお経が上げられるのよ。女の人も男の人と一緒に同じ役を与えてもらってやっていきたいんだったらば、努力するべきだと思う。でもそういう努力をしないで…ひどい人いるよ。ひどい人いっぱいいるんだよ。できない人いっぱいいるんだからね。そういうのを、それ先のことばっかりじゃなくて、そういう基本的なところから努力をしたらどうかねと思うけどね。なかなかそこまでして尼僧さんをやろうっていう風に思ってないのかもしれない。結婚してる人もいっぱいいるし。結婚してれば片手間だもんね。

マーク：うん。

B師　：やっぱり。

マーク：男性は？

B師　：男性は酒かっ食らって金の話して終わってるよ。ハハハ。

B師は、「俗っぽい」長髪を嫌い、それを母親となった女性の、仕事に対する無力さと結びつけている。そして彼女は自分自身の頭を剃ることで、他の女性僧侶たちに欠けている、仕事に対する責任感を示そうとしている。読者は、他の女性僧侶に対する彼女の軽蔑の念を、女性が女性であることへの直接的な批判として読み取りたくなるかもしれない。だが、私には彼女の反応は、相手が男であれ女であれ、他の僧侶とかかわる際、自分が正真正銘の僧侶であると証明したいという、彼女の一貫した欲求に沿ったもののように思える。彼女の女性僧侶への批判は、ジェンダーの問題に関するものというよりは、口先だけで内容をともなわない僧侶たちに対する、積年のフラストレーションから生じてきたものなのだ。

彼女自身の行動としては、私が最後に彼女と出会ったとき以降に、剃髪している。二、三年前はマッシュルームカットのようなヘアスタイルで、今回のような完全な剃髪ではなかった。彼女は私に「自分の心が仏様と向き合いたいなあと思って」剃髪した、とその理由を明かしてくれた。道場に入門するために剃髪しなければならなかったときとは違い、今回は、彼女にとって、それは意識的な選択であり、本当に勇気が必要だったと語る。ただ、いま何か頭を剃らなければならない具体的な理由があるとすればそれは何ですかと尋ねると、彼女は仏教の教えやアイデンティティの問題ではなく、ビジネスの世界に生きる男性たちとの交流について語ってくれた。

B師　：まあ、ここの住職は女だからっていう。ねえ…日本の男の人たちってやっぱり女性だから簡単だろうみたいな。ちょっと何ていうか。

マーク：え？

B師　：何て言ったらいいかな。

マーク：と思われる？

B師　：どこかにあると思う。たとえば、何かプレゼントすれば自分を気に入ってくれるんじゃないかとか。何か…何て言ったらいいんだろう…男同士でビジネスでたとえばこの案件に関して、じゃあ、いくらいくらで承諾して下さい。オーケー出して下さい。いやあ、これじゃ安過ぎる。もっと高くしてくれなきゃ譲れない。じゃあ、これだけ差し上げますからこれでオーケーして下さい。まあ、そういうやり取りが男の人。

マーク：男性同士。

B師　：うん。って社会があるけれど、女の人ってそれ通じないいんじゃないっていう男の人の気持ちがちょっとあって。じゃあ、物をあげたらどうかなとか何かそういう…何て言うのかな、何かこう…何だろう可愛らしい物を持って来たりとか。

マーク：あれだけで何とかする。

B師：うん。どうせ女の人だから何かあればヒステリックになってパニックになるよっていうような、何かそういう…何て言ったらいいのかな、こういうの。

マーク：具体的な例がある？

B師：うん、たくさんあるよ。何がお好きなんですかって聞いてきて…たとえば「お酒飲まれるんですか」って。ああ、まあ飲みますよって言ったらすっごい高級なワインを持ってくるのよ。で、気に入ってもらおうと思ってすごく高級な物を持ってきたり…でも女の人ってそういう人もいるけど、私は高級なワインだからほしいわけじゃなくて、たとえば一〇〇〇円ワインでも美味しければほしいの。

マーク：なるほど。僕もそうだな。

B師：ね。別にそんなすごいサ、何年物のワインじゃなくてもいいのよ。たぶん私ただ渋いと思うだけだから、ワインよりこの葡萄ジュースのほうが美味しいですよと言われたら、その葡萄ジュースのほうがほしいのよ。だけどやっぱり男の人の考え方、会社の人たちっていうのは、ちょっと違っていい物を持って行ったりとかっていう。だから私のことをよくわかってないのね。私はダイヤモンドも好きかもしれないけども、夜店のおまけでパーンとやって取った指輪のほうも好き。

マーク：プライス。

B師　：そうそう。そういうののほうが好きと思うんだけど、まあダイヤモンド好きな女の人いっぱいいるじゃない。だからその辺のところがわかってないから、じゃあいい物持っていけばいいんじゃない。こんな六本木のこんな所に住んで生まれてずっと暮らしてるから、いい物たくさん知ってるんだろうから、いい物持って行ったら絶対落ちるよ彼女は。オーケー出すよというのは。

マーク：それが女性だからそう？　それともこの（裕福な）地域の他のお寺の住職はそれがほしいから？　そうじゃなくてやっぱり女性？

B師　：女性だからと思う。

この会話の最初の部分に、B師が、単に私が男だからという理由で、何か説明するのが難しいと感じた瞬間があった点を強調するために、そのやりとりの部分を含ませておいた。

実際には、この点についての私たちの会話の行き来は、ここに記されている以上に長いものであった。そのとき私が気づいたのは、もし私が女性であれば、彼女が言わんとする内容を完全に理解できたであろうということである。なぜなら、もし私が女性であれば、私自身も彼女と同じような扱いを何度も受けていたであろうと思うからだ。一方で、多くの女性僧侶にとっては、まったく説明の必要すらない事柄が、私たちの会話ではコミュニケーションに困難がともなったという事実には、大いに学ぶべき何かがある。私たちの会話の困難さが雄弁に物語るのは、女性僧侶の語りを通して、通常は気づかない先端の領域と、境界線がどう見えてくるかということだ。

彼女たちが直面している制度的・教義的な障壁を超えて、女性たちの目の前には、いまもなお続く社会的期待の数々が存在する。B師は自身の剃髪について、仏と向き合うという観点から繰り返し語った。だが、どうしてそのタイミングで剃髪をしたのかという理由を突っ込んで尋ねると、彼女は話の方向を変えて、社会的期待に抵抗する必要性を語った。つまり、銀行家や投資家の目から見て、自分自身を女性ではなく、まずもって僧侶だと思われるためというわけだ。B師の剃髪には世俗的動機と宗教的動機が混在し、（信仰とビジネスという）二種類の領域が、ジェンダーの問題をめぐり、ここで展開している。そこからは、女性僧侶の研究へのアプローチ方法だけでなく、仏教の研究一般にも有益な情報が得られる。B師のジェンダーに関する見解は、彼女の教義に関する見解と同様に、それを個別に取り出したり、明確な定義づけをしたりするのが困難である。どちらの見解も、個人の生活史、寺院のコミュニティ、寺院仏教のより大きな世界、そして二一世紀初頭の日本社会の文脈のなかで理解されるべき、複雑な全体の一部なのだ。女性僧侶の能力に関する彼女の見解は、性差を強調する面もあるが、それは男性も含む、僧侶一般への彼女の見解の一部分、もしくは一領域である。現代に流通する教義の研究は、地域的な側面を考慮しつつ、同時により広い制度的・文化的背景を踏まえて行われる必要がある。それと同じく、現代日本仏教のジェンダー問題を扱う場合にも、女性仏教徒に特有の事柄だけでなく、あらゆる僧侶の圧倒的多数が体験する事柄についても、注意を払う必要があるのだ。

いくつかの女性僧侶の研究に対して私が抱く懸念の一つは、女性僧侶の経験だけを人工的に取り出して論じる傾向である。たとえばモニカ・シュリンプは、僧籍を得た女性仏教徒の部分的な特徴は、明確に定義された役割の欠如であると論じる。なぜなら、彼女たちは「結婚して家庭を持っている場合がある。彼女たちは、寺院の女性住職かもしれないし、僧侶の妻かもしれない。もしくは、寺院の仕事をしているかもしれない。私生活では戒律に従って生活している場合もあれば、世俗の仕事を持っている可能性もある」からだ(SCHRIMPF 2015 : 184)。しかし、これらは僧籍を得た男性仏教徒が有するさまざまな役割と、どのように異なるのだろうか？　日本仏教のアイデンティティとして日本の仏教界全般に浸透している諸要素を、女性の経験に固有の特徴とすることで、いったい何が得られるというのだろうか？　私にとって大事なのは、これまで積み重ねられてきた重要な研究の内容を貶めることではなく、女性仏教徒を独立させて研究するやり方を乗り越えるアプローチの提唱である。私は主張したい。日本の女性仏教徒の体験は、現代の日本仏教に遍在すると同時に、反面では、彼女たちが出会う仏教の固有性でもある。それゆえ、彼女たちの物語は、私たちの仏教に対する理解をより豊かにする上で、不可欠なのであると。

結論

これら女性を独立させて扱う研究枠組みの抱える一つの危うさは、対象を独立させていった果てに、個人の内的な動機への問いに帰着する傾向である。本論文で先に述べた「がんばれ・Experimental 仏教」的アプローチでは、革新的で外交的な男性僧侶たちの姿が描かれている。他方、既存の女性僧侶の研究に関して私が抱く懸念は、何が女性僧侶を特徴づけるのかを明示する際、信仰という狭い部分に焦点を当てる傾向があることだ。シュリンプの研究が取り上げているのは、主として信仰に動機づけられた女性ばかりのように見える。ポーラ・アライの曹洞宗の尼僧についての研究も同様に、彼女らをそこに導いたという信仰の蓄積に焦点を当てている（ARAI 1999）。しかし、寺院にいる女性について、寺院継承などの問題を視野に入れた上で見直すと、彼女たちがどのようにして現在の場所に至ったのか、その実態の複雑さは、私たちに、彼女たちの生活と信仰を位置づけるための、より包括的な研究枠組みの必要性を示す。

現在の状況を強いられている女性仏教徒たちは、男性僧侶と同じ権利を持つに値しないというのだろうか？　B師の、遠慮なく自分の意見を述べ、かつ自立心のある住職補佐という立ち位置は、彼女が強いられてそうなったからという理由で、その正当性を認められないのだろうか？　B師は、彼女の個人的なプライドと偉大な祖父の伝統に訴えかける地元の僧侶たちに説得され、ある意味で騙されるようにして、寺院を継承した。そういった理由で、彼女が説く自力による浄土往生の教えは、重要でないと言えるのだろうか。C師による、女性というジェンダーに肯定的な『法華経』の読み方は、彼女がはじめは寺院を継ぐことを嫌がったという理由で、信じるに値しないと言えるだろうか。そして、彼女らのたどっている道が、寺院で生きる僧侶たちの多くがたどる、世間とは異なる生き方とぴったりと合致していることは、時とともに変わる人間の生き方について、何を教えてくれるのだろうか？　信仰は実践される。信仰は発達する。信仰は失われ、そしてまた別の形で不意に現れる。

実際の体験が先にあってはじめて、アイデンティティの指標が現れるのだ。A師、B師、C師による語りを、フェミニストか否か、犠牲者か否か、平等主義的か否か、などと簡単に区別はできない。A師の、若い婦人たちを寺院の外側の世界に連れ出したいという願望は、性差に基づく社会的役割や体面という壁によって抑制されてしまう。C師が大いに嫌っている、男たちが支配する仏教の世界に入ったときに感じた落胆は、彼女の息子に同じ道を歩ませようとするのを避けさせはしなかった。彼女は龍女の変身の真意を求める中で、慰めを見つける。しかし、彼女が教義を同じようには理解しない日蓮宗の男性僧侶にたびたび出逢うという事実は、彼女の努力は女性僧侶が直面する文化的・制度的な現実の変化には、あまり役に立っていないことを示しているし、少なくとも近い将来においては、そうあり続けるだろう。B師が持つ、自分自身の寺院を女性に継承させることへの抵抗感は、彼女が寺院仏教の女性蔑視の規範を、完全に内面化していることを示す。だが、男性僧侶一般の資質に関する彼女の言及を聞けば、実際はもっと多くのことが、そこで繰り広げられているのがわかる。

私たちは、女性僧侶をより広い文脈のなかに位置づける必要がある。彼女たちを、ジェンダー研究の典型的な事例としてではなく、むしろ特有の懸念事項を持っている、普通の僧侶として扱うべきである。それらはジェンダーの領域の問題とされるかもしれないが、彼女たちは単にそうした観点からのみ取り上げられるのを望まない。女性と日本仏教の問題について、私たちは単にサバ・マフムードの主張を引用してよしとする以上のことを行う必要がある。どうすれば、女性僧侶の行為主体性の多様なあり方を、最もうまく識別し、探究できるのだろうか。ネイティヴ・エスノグラフィ（現地人や当事者による民族誌学）が、これに対する本質的な回答の一部だが、研究者が僧侶たち自身とより協力して、作業できればと考える。私は僧侶たちに、日常生活や修行ついて、どんなありふれたことでもいいので、思ったことを記録する日記をつけてもらうよう依頼している。私の願いは、私にはできないやり方で、彼（女）らが僧侶としての自身の経験について考えを巡らせ、それを記述できるようになるような対話を行うことである。女性の声に注目するとは、どのような意味を持つのだろうか？　彼女たちに、自分の体験を語る場所を提供する意味とは何なのか？　それらの物語の中で、仏教はどう響いているのか？　彼女たち自身の声で？　その音域の中で？

注

（1）本論文の読者であれば、この「小僧伝《しょうそうでん》」という言葉は、仏教聖典の伝統のなかの高名な僧侶の伝記集「高僧伝」のもじりだとわかるだろう。

（2）ネルソンと上田の双方が著書で取り上げている二人の僧侶は、とても有利な状況の下で寺院を運営しているといえよう。たとえば、高橋師の田舎の寺院は、天然の温泉が湧いている地域にあり、また秋田師が墓地を持たない分院を運営できるのは、大阪の都市部に大規模な墓地を所有して栄えている寺院の境内に存在するからである。

（3）ネルソンは著書のなかで、一人の女性の真宗僧侶について三ページほどを割り当ててはいる。だが、その女性は著書の中心人物ではない（NELSON 2013：192-96）。

（4）本論文で取り上げる僧侶の名前は実名を用いていない。

（5）ネルソンと上田の本のなかでは、このような状況と直面している僧侶は誰一人として取り上げられていない。ゆえに、もし彼らが島根県の地方で檀家が三〇軒しかない寺院を継いでいたとしても、彼らがそれを学術的に論じるに値すると考えたかどうかは、わからない。

（6）このような傾向を是正する上で、ジョリオン・トーマスの重要な論文は歓迎できる（Thomas 2016）。

（7）この点については、女性仏教徒たちが男性中心の規範を「昔話にする」方法への、ローリ・ミークスの洞察は有益である（MEEKS 2010, chapter7）。

（8）僧侶たちとの会話のなかで私が正面からぶつかったのは、彼・彼女らが私に生半可な嘘をついてごまかそうとしていると思ったときだけである。たとえば、浄土真宗の独自性、宗派教育の質、寺院の継承者がいない状態で新たな墓地経営を始めることの倫理性などをめぐり、私は激しい議論を行った。私のこのような選択への評価は、本論文の読者に委ねる。また読者諸氏がこうした調査を行う際には、読者自身の自由な判断で取り組んでもらいたい。

(9) もちろん、夫のほうは、すでに安定した継承者のいる寺院の次男であり、妻は男性の跡継ぎのいない寺院の長女という、育った寺院内での立場の相違から、両者がたどってきた道の違いを説明できもする。もし夫が長男であれば、彼が仏門に入ることで抱えるプレッシャーは、もっと遙かに深刻なものであっただろう。

(10) このインタビューの後半で、A師(妻)は次のようなことを包み隠さず語ってくれた。お寺の本堂のなかで彼女に届く光の明るさ、あるいは、すべての真宗系の宗派の救済論や象徴の基盤を形づくる、他力の考えに関する十二分な理解が、自身の女性としての生き方によって可能になっていること。

(11) ジャータカ物語は歴史的ブッダのさまざまな前生の物語である。

(12) この語りをそのまま引用してもよいという特別な許可を、私はC師から得ている。

(13) ジェシカ・スターリングが近日出版予定の「坊守」に関する書籍は、こうした問題について、もっと詳しく取り扱うべき余地を残している。

参考文献

Abu-Lughod, Lila
1990 "The Romance of Resistance: Tracing Transformations of Power Through Bedouin Women." *American Ethnologist* 17/1: 41-55.

Ambros, Barbara

2015 *Women in Japanese Religions*. New York: NYU Press.

Arai, Paula

1999 *Women Living Zen: Japanese Sōtō Buddhist Nuns*. Oxford University Press.

Cabezon, Jose

1992 *Buddhism, Sexuality, and Gender*. Suny Press. Cavaliere, Paola. (2015). *Promising Practices: Women Volunteers in Contemporary Japanese Religious Civil Society*. Leiden: Brill.

Cavaliere, Paola

2015 *Promising Practices: Women Volunteers in Contemporary Japanese Religious Civil Society*. Boston and Leiden: Brill.

Clarke, Shayne

2010 "Creating Nuns Out of Thin Air: Problems and Possible Solutions concerning the Ordination of Nuns according to the Tibetan Monastic Code," in *Dignity & Discipline: Reviving Full Ordination for Buddhist Nuns*. Edited by Thea Mohr and Jampa Tsedroen. Boston: Wisdom Publications, pp. 227-238.

2014 *Family Matters in Indian Buddhist Monasticisms*. University of Hawai'i Press.

Faure, Bernard

2003 *The Power of Denial: Buddhism, Purity and Gender*. Princeton: Princeton University Press.

Fisher, Gareth

2014 *From Comrades to Bodhisattvas: Moral Dimensions of Lay Buddhist Practice in Contem-*

porary China. Honolulu: University of Hawai'i Press.

Fuchs, Esther

2003 "Men in Biblical Feminist Scholarship." *Journal of Feminist Studies in Religion*, Vol. 19, No. 2, pp. 93-114.

Gross, Rita M.

1992 *Buddhism After Patriarchy: A Feminist History, Analysis, and Reconstruction of Buddhism*. Suny Press.

Gutschow, Kim

2004 Being a Buddhist Nun: The Struggle for Enlightenment in the Himalayas. Cambridge: Harvard University Press.

Heidegger, Simone

2010 "Shin Buddhism and Gender: The Discourse on Gender Discrimination and Related Reforms." In *The Social Dimension of Shin Buddhism*, ed. Ugo Dessi. Boston: Brill, 165-208.

Heirman, Ann

2011 "Buddhist Nuns: between past and present." *Numen International Review for the History of Religions* 58: 603-631.

Kawahashi, Noriko

1995 "Jizoku (priests' wives) in Sōtō Zen Buddhism: An ambiguous category." *Japanese Journal of Religious Studies*. 22/1-2: 161-183.

2003 "Feminist Buddhism as Praxis: Women in Traditional Buddhism." *Japanese Journal of Re-*

ligious Studies. 30/3-4: 291-313.

Kim, Iryop

2014 *Reflections of a Zen Buddhist Nun*. Jin Y. Park trans. Honolulu, University of Hawai'i Press.

Mahmood, Saba

2005 *Politics of Piety: The Islamic Revival and the Feminist Subject*. Princeton University Press.

Meeks, Lori

2010 *Hokkeji and the Reemergence of Female Monastic Orders in Premodern Japan*. Honolulu: University of Hawai'i Press.

Nattier, Jan

2009 "Gender and Hierarchy in the Lotus Sutra" in *Readings of the Lotus Sutra* Stephen Teiser and Jacqueline Stone eds. New York: Columbia University Press.

Nelson, John

2013 *Experimental Buddhism: Innovation and Activism in Contemporary Japan*. Honolulu, University of Hawai'i Press.

Rowe, Mark

2011 *Bonds of the Dead: Temples, Burial, and the Transformation of Contemporary Japanese Buddhism*. Chicago: University of Chicago Press.

Ruch, Barbara ed.

2002 *Engendering Faith: Women and Buddhism in Premodern Japan*. University of Michigan, Center for Japanese Studies.

Salgaldo, Nirmala

2013 *Buddhist Nuns and Gendered Practice: In Search of the Female Renunciant*. Oxford: Oxford University Press.

Schopen, Gregory

2014 *Buddhist Nuns, Monks And Other Worldly Matters*. University of Hawai'i Press.

Schrimpf, Monika

2015 "Children of Buddha, or Caretakers of Women? Self-Understandings of Ordained Buddhist Women in Contemporary Japan." *Journal of Religion in Japan* 4: 184-211.

Shaw, Miranda

1994 *Passionate Enlightenment: Women in Tantric Buddhism*. Princeton University Press.

Starling, Jessica

2012 "A Family of Clerics: Temple Wives, Tradition, and Change in Contemporary Jōdo Shinshū Temples." Ph.D. Dissertation, University of Virginia.

2013 "Neither Nun nor Laywoman: The Good Wives and Wise Mothers of Jōdo Shinshū Temples." *Japanese Journal of Religious Studies* 40/2: 277-301.

2015 "Family Temples and Religious Learning in Contemporary Japanese Buddhism." *Journal of Global Buddhism* 16.

Forthcoming *Guardians of the Buddha's Home: Domestic Religion in the Contemporary Jōdo*

Shinshū. Honolulu: University of Hawai'i Press.
Thomas, Jolyon
2016 "The Buddhist Virtues of Raging Lust and Crass Consumerism in Contemporary Japan" *Material Religion* 11 (4): 485-506.
Wilson, Liz
1996 *Charming Cadavers: Horrific Figurations of the feminine in Indian Buddhist Hagiographic Literature*. University of Chicago Press.
Yü, Chün-fang
2013 *Passing the Light: The Incense Light Community and Buddhist Nuns in Contemporary Taiwan*. Honolulu: University of Hawai'i Press.

上田紀行
二〇〇四 『がんばれ仏教！——お寺ルネサンスの時代』ＮＨＫブックス
川橋範子
二〇一二 『妻帯仏教の民族誌——ジェンダー宗教学からのアプローチ』人文書院
西口順子
一九八七 『女の力——古代の女性と仏教』平凡社
一九九三 「成仏説と女性——「女犯偈」まで」『日本史研究』三六六号、二〇—三八頁
二〇〇五 「西口順子インタビュー　中世における女性と仏教」（聞き手：草野龍子）『真宗』一二一一号、二八—二九頁

藤井正雄編
二〇〇四『仏教再生への道すじ』勉誠出版

おわりに

那須英勝

私自身が、仏教に関心を持って学問としてそれを学び始めてから、すでに相当な年数が経過し、その間に仏教を学問として専門に研究されている数多くの先生方のお話を聞かせていただく機会があったが、その間に気がついたことは、日本の仏教の研究者、特に男性の研究者の間で、それぞれの専門分野を問わずに共有されているのではないかと思われる、二つの問題意識があることだ。その一つが「仏教本来のあるべき姿を取り戻すために、現在の教団の古い体質を変えなくてはいけない」という意識であり、もう一つは「急激な社会変化と価値観の変化の中で消えていくコミュニティーの信仰生活のよき伝統を再評価したい」という意識ではないだろうか。

この意識は、もしかすると、宗教者として仏教の伝道の現場に直接関わっておられる僧侶の方々よりも、むしろ「仏教」を学問の対象として取り組む、意識の高い、進歩的な研究者の間で強いのではないかとも思われるのである。実は私自身もこれまで、そうであるべきだとなんとなく考えていたし、自分自身のこれまでの研究においても、そこで取り上げる個別のテーマにかかわらず、どこかにそのような問題意識を反映したものになっていたようだ。この「仏教本来のあるべき姿」や「信仰生活のよき伝統」という表現を、なぜか耳当たりのよい言葉だと思い込み、無批判かつ不用意に使っている。しかし、それを「ジェンダー」と「国際性」という二つの視点から再検討すると、たちまち私が大きな勘違いをしていることに目がひらかれる。

本書の「はじめに」に記されているように、日本仏教に関する著作として、「ジェンダー」と「国際性」の両者をともに強く押し出した書物は、これが初めての試みであるようだが、改めて「ジェンダー」と「国際性」という二つの視野から、日本の仏教の研究を見直してみると、これまで日本の仏教が「マージナライズ」してきたものがなんであるか明確に見えてくる。おそらく本書を最後まで読まれた方は、すでにそれに気がつかれていることと思うし、もしそうでなければ、もう一度お読みいただくことをおすすめしたい。また本書をお読みいただいた、日本の仏教の研究者、特に男性の研究者諸氏が「これからの仏教のあるべき姿」を論じようとされるのであれば、「ジェンダー」と「国際性」という二つの視点をもって取り組んでいただくことを強く希望するものである。

最後に、本書は、龍谷大学アジア仏教文化研究センター（ＢＡＲＣ）の研究ユニット「多文化共生社会における日本仏教の課題と展望」の研究成果の一部として出版するものである。本書の編集に際しては、ＢＡＲＣ博士研究員の碧海寿広氏と、法藏館の丸山貴久氏には、その企画・構成から、出版に関わるすべての工程について、丁寧な編集作業をしていただいた。また本書収載の、吉村ヴィクトリア氏の英文原稿の翻訳は、那須が担当し、それを本研究ユニット研究員の本多彩氏のご指導のもとで最終原稿を完成させることができた。またマーク・ロウ氏の論文は、英語論文の翻訳を仏教伝道協会の大來尚順氏にご協力いただき、碧海氏がロウ氏の指導のもとで、最終原稿を作成したものである。記して謝意を表し、本書を終わることとしたい。

「龍谷大学アジア仏教文化研究叢書」刊行について

アジア仏教文化研究センター
センター長　楠　淳證

龍谷大学は、寛永十六年（一六三九）に西本願寺の阿弥陀堂北側に創設された「学寮」を淵源とする大学です。その後、明治維新を迎えると学制の改革が行われ、学寮も大教校と名を変え、さらに真宗学庠、大学林、仏教専門学校、仏教大学と名称を変更し、大正十一年（一九二二）に今の「龍谷大学」となりました。

その間、三百八十年もの長きにわたって仏教の研鑽が進められ、龍谷大学は高い評価を得てまいりました。そして平成二十七年四月、本学の有する最新の研究成果を国内外に発信するとともに仏教研究の国際交流の拠点となるべき新たな機関として、本学に「世界仏教文化研究センター」が設立されました。アジア仏教文化研究センターは、そのような意図のもと設立された世界仏教文化研究センターの傘下にある研究機関です。

世界仏教文化研究センターが設立されるにあたって、その傘下にあるアジア仏教文化研究センターは、文部科学省の推進する「私立大学戦略的研究基盤形成支援事業」に、「日本仏教の通時的・共時的研究——多文化共生社会における課題と展望——」と題する研究プロジェクト（平成二十七年度～平成三十一年度）を申請し、採択されました。

本研究プロジェクトは、龍谷大学が三百八十年にわたって研鑽し続けてきた日本仏教の成果を踏まえ、これをさらに推進し、日本仏教を世界的視野から通時的共時的にとらえるとともに、日本仏教が直面する諸課題を多文化共生の文脈で学際的に追究し、今後の日本仏教の持つ意義を展望するものです。このような研究のあり方を有機的に進めるため、本研究プロジェクトでは通時的研究グループ（ユニットA「日本仏教の形成と展開」、ユニットB「近代日本仏教と国際社会」）と共時的研究グループ（ユニットA「現代日本仏教の社会性・公益性」、ユニットB「多文化共生社会における日本仏教の課題と展望」）の二つに分け、基礎研究等に基づく書籍の刊行や講演会等による研究成果の公開などの諸事業を推進してまいりました。

このたび刊行される龍谷大学アジア仏教文化研究叢書8『現代日本の仏教と女性——文化の越境とジェンダー』は、右のような研究プロジェクトの共同研究の成果の一つであります。今後とも、世界仏教文化研究センターの傘下にあるアジア仏教文化研究センターが、日本仏教をテーマとして国内外に発信する諸成果に、ご期待いただければ幸いです。

平成三十一年三月一日

編者・執筆者紹介（五十音順）

飯島惠道（いいじま　けいどう）
一九六三年生まれ。薬王山東昌寺。主な論文に「死別悲嘆者へのケアの考察――第三人称親密圏からの寄り添い」（修士学位論文〈信州大学〉）がある。

池田行信（いけだ　ぎょうしん）
一九五三年生まれ。専攻は真宗学。浄土真宗本願寺派僧侶。主な著書に『浄土真宗本願寺派宗法改定論ノート』（法藏館、二〇一八年）がある。

碧海寿広（おおみ　としひろ）
一九八一年生まれ。専攻は宗教学、近代仏教。龍谷大学アジア仏教文化研究センター博士研究員。主な著書に『仏像と日本人――宗教と美の近現代』（中公新書、二〇一八年）がある。

岡田真水（真美子）（おかだ　しんすい〈まみこ〉）
一九五四年生まれ。専攻は環境宗教学、仏教説話研究。兵庫県立大学名誉教授。主な著作に『小さな小さな生きものがたり――日本的生命観と神性』（編著、昭和堂、二〇一三年）がある。

川橋範子（かわはし　のりこ）
一九六〇年生まれ。専攻は宗教学、文化人類学。名古屋工業大学大学院教授。主な著書に『妻帯仏教の民族誌　ジェンダー宗教学からのアプローチ』（人文書院、二〇一二年）がある。

那須英勝（なす　えいしょう）
一九六一年生まれ。専攻は真宗学、宗教文化史。龍谷大学文学部教授。主な著書に『犀の角――世界に拓く真宗伝道』（共著、永田文昌堂、二〇〇五年）がある。

本多　彩（ほんだ　あや）
一九七七年生まれ。専攻は宗教社会学。兵庫大学共通教育機構准教授。主な論文に「ワシントン州における日系二世の仏教教育」（吉田亮編『越境する「二世」——一九三〇年代アメリカの日系人と教育』現代史料出版、二〇一六年）がある。

横井桃子（よこい　ももこ）
一九八七年生まれ。専攻は宗教社会学。南山宗教文化研究所研究員。主な論文に「坊守がつなぐ地域——寺院は女性で支えられる」（櫻井義秀・川又俊則編『人口減少社会と寺院——ソーシャル・キャピタルの視座から』法藏館、二〇一六年）がある。

吉村ヴィクトリア（よしむら　ヴィクトリア）
一九七〇年生まれ。正念寺僧侶・坊守。

Rowe Mark（ロウ　マーク）
一九六八年生まれ。専攻は宗教学、仏教人類学。マックマスター大学宗教学科准教授。主な著書に *Bonds of the Dead: Temples, Burial, and the Transformation of Contemporary Japanese Buddhism*（University of Chicago Press, 2011.）

龍谷大学アジア仏教文化研究叢書8
現代日本の仏教と女性
——文化の越境とジェンダー——

二〇一九年三月三一日　初版第一刷発行

編　者　那須英勝
　　　　本多　彩
　　　　碧海寿広

発行者　西村明高

発行所　株式会社　法藏館
　　　　京都市下京区正面通烏丸東入
　　　　郵便番号　六〇〇-八一五三
　　　　電話　〇七五-三四三-〇〇三〇(編集)
　　　　　　　〇七五-三四三-五六五六(営業)

装幀　上野かおる
印刷　立生株式会社　製本　清水製本所

ISBN 978-4-8318-6016-3 C1015